莊子應世思想研究

吳肇嘉 著

臺灣 學ᵗ書局 印行

莊子應世思想研究

目　次

第壹章

緒　論

一、問題的提出

（一）「應世」問題對於莊學的意義

　　在思想史上，道家由於其反對建構價值體系的立場，常常被認為無法對客觀世界產生積極的作用，相對於儒、墨兩家治術的積極進取，道家在政治應世方面似乎顯得缺乏作為，往往被視為一種「被動、消極」的政治思想，而致遠離現實政治的運作。政治史學者蕭公權先生說過：

> 老莊思想，殆有殷文化之背景，可與儒墨並論。然儒墨
> 居衰周之世，欲以仁義愛利積極之治術，撥亂反正。其
> 態度較為樂觀。老莊則傾向於消極，以遜退寧靜之方為
> 個人自全自得之術。其態度至為悲觀。[1]

在這樣的認識下，老莊思想與儒、墨兩家的積極精神正相背反，乃是悲觀消極的「個人自得自全之術」，其作用基本上展現在個體的遜退寧靜，而較少政治教化上的意義。如此的理解表現在莊子研究上，尤其成為普遍的印象。蕭氏就曾經這麼定義莊學：

---

[1] 見蕭公權：《中國政治思想史》（臺北：中國文化大學出版部，1993年），頁165。

> 蓋儒學以行仁為宗，而莊學推為我之極。為我至極，勢
> 不得不斷離物我。外生齊物，不過達此目的之巧妙途徑
> 而已。莊子斷離物我，殆含二義。一曰不為物役，則我
> 不干人。二曰自適其適，則人勿干我。引伸人我無干之
> 義則得無治之理想與「在宥」之政術。[2]

依此論，則莊子「無治」與「在宥」之觀念，雖亦得稱為政治
理念，但以其「斷離物我」的不涉世意涵，卻難說有什麼政治
實踐的意義可言。當代重要的《莊子》注家鍾泰先生，對此問
題曾作出簡潔的歸納，其言曰：

> 世之解《莊子》者，每謂「莊子之學，非不高且遠也，
> 而施之於世，則無所用。」[3]

這「高遠而無用」的觀感，確實根本地決定了莊學研究的方向，
讓不少學者對於其哲學實踐的討論，從一開始就排除了「用世」
的可能。以近代思想史開山之作的《中國古代哲學史》一書為
例，胡適先生在其中就這麼認定：

> 莊子的哲學，總而言之，只是一個出世主義。因為他雖
> 然與世人往來，卻不問世上的是非、善惡、得失、禍福、
> 生死、喜怒、貧富，……一切只是達觀，一切只要「正
> 而待之」，只要「依乎天理，因其固然」。他雖在人世，

---

[2] 見同註 1，頁 178。

[3] 見鍾泰：《莊子發微》（上海：上海古籍出版社，2002 年），頁 22。

> 卻和不在人世一樣，眼光見地處處都要超出世俗之上，
> 都要超出「形骸之外」。這便是出世主義。[4]

他又說：

> 若依莊子的話，把一切是非同異的區別都看破了，說泰
> 山不算大，秋毫之末不算小；堯未必是，桀未必非：這
> 種思想，見地固是「高超」，其實可使社會國家世界的制
> 度習慣思想永遠沒有進步，永遠沒有革新改良的希望。[5]

既說莊子哲學是「出世主義」，便即意謂著它無心於政治教化，
而頂多只是一種關於人生態度的哲思；並且依胡適的看法，莊
子的「出世主義」甚至是社會國家進步的阻力，將會「使社會
國家世界的制度習慣思想永遠沒有進步，永遠沒有革新改良的
希望」。這樣的批評不管是否過於片面，但由之可以確認的是，
莊子思想在胡適眼中顯然缺乏「治世」意義，不可能透過它來
改善任何社會現況。

　　類似的說法，在錢穆先生的道家專著《莊老通辨》中也有
陳述。書中這麼描述聖人與人間世的關係：

> 莊周書中所想像之真人神人至人聖人者，皆無意於人
> 世，皆不願在人間世之一切俗務上沾手。即或不得已沾
> 了手，仍是心神不屬，僅見為一種不得已。……此高出
> 於人人之上之聖人，彼固無意於人世，不大高興干預人

---

[4] 見胡適：《中國古代哲學史》（合肥：安徽教育出版社，1999 年），頁 273。
[5] 同前註，頁 275。

> 間事，則聖人可以忘世，而世人亦可以忘聖人，乃至不
> 知有聖人之在人間也。[6]

莊子所稱述最高修養之聖人，在此被形容為「無意於人世」，而
人間俗務之沾手對其乃為一種「不得已」，所以聖人與世人之間
最好的關係是相忘而至於不知。這種相忘不知的關係，錢氏認
為就是「明王之治」的實際體現。其言曰：

> 明王之治，亦正要使民自恃，使民自喜，而皆曰我自然。
> 如此，則在其心中，更不知有一君臨我者之存在。此君
> 臨人群之明王，則儼然如天之臨，雖有若無，成為一虛
> 體。虛體不為一切物所測，亦不為一切物所知。此乃莊
> 周理想人群之大自在與大自由，亦可謂是莊周政治思想
> 中一番主要之大理論，亦竟可謂之是一番無君無政府之
> 理論也。[7]

明王之治就是要求明王成為一「虛體」，雖有若無，讓政治成為
無君、無政府的無統治狀態，這樣人群才可以獲得絕對的自由；
換句話說，明王的治術就是沒有治術，而只是讓人們獲得自由。
因而錢先生進一步斷言道：

> 故莊周在政治上，實際是絕無辦法者。而莊周之意，亦
> 不必要辦法。[8]

---

6 見錢穆：《莊老通辨》（臺北：東大圖書股份有限公司，1991 年），頁 134。
7 同前註，頁 121。
8 同前註，頁 128。

由此可見，錢氏亦不以為莊子學說含有「治世」之意向，而認定其缺乏政治實踐的意圖和方法。儘管莊子的「無治」為萬物解放了自由，但這其中並無「善化世間」的意義。「莊周在政治上，實際是絕無辦法者」這句話，基本上表現出錢氏對莊子思想屬性的認識和批判，同時也反映了當代學界對莊子的一般理解型態。

事實上，將莊子思想視為生命哲學而無涉於外王實踐的看法，並不是現代學者特有的認識，早在莊子思想的形成階段，其對於客觀世界的影響力即已為人所懷疑。作為莊子好友兼論敵的惠施，便曾不客氣地批評其學說是「大而無用」（《莊子・逍遙遊》），從現實功用的角度質疑其存在價值。戰國後期大儒荀子也曾說過「莊子蔽於天而不知人」（《荀子・解蔽》）的話，指斥其專言天道而無視於人事的學術性格。到了漢代，《史記》在論評莊子時，則有「其言洸洋自恣以適己，故自王公大人不能器之」（〈老子韓非列傳〉）的說法。從這評斷來看，太史公顯然認為莊子之言僅為洸洋自恣的「適己」之學，根本無法在客觀政治上有所建樹，所以才說「王公大人不能器之」。於是他在《史記》中唯一引據的《莊子》文句，也是在此理解下所作出的揀擇：

> 楚威王聞莊周賢，使使厚幣迎之，許以為相。莊周笑謂楚使者曰：「千金，重利；卿相，尊位也。子獨不見郊祭之犧牛乎？養食之數歲，衣以文繡，以入大廟。當是之時，雖欲為孤豚，豈可得乎？子亟去，無污我。我寧游

> 戲污瀆之中自快,無為有國者所羈。終身不仕,以快吾
> 志焉。」[9]

這裡提到莊子由於擔心自己成為郊祭之犧牛,故寧游戲污瀆之
中自快,亦不願受養食、衣文繡以入太廟。由此看來,他之所
以不願意接受重利尊位,乃是以「適己快志」為考量而作的決
定,其核心關懷與講究「全性保真」[10]的楊朱似乎沒什麼不同。
在這樣描述下的莊子,與客觀世界的互動只顯消極意味,「世界」
僅作為其生命活動的背景,而不是實踐之目的;即使其書中確
實含有探討涉世問題的〈人間世〉、〈應帝王〉等篇章,基本上
也容易被詮釋為「在境界中轉化存在價值」的意義,而不被視
為「探討如何改善客觀世界」的文字。譬如牟宗三先生就認為:

> 莊子以其芒忽恣縱之辯證的描寫,辯證的融化,將老子
> 分解的系統化而為一大詭辭,將其道之客觀性、實體性,
> 從天地萬物之背後翻上來浮在境界上而化除,從客觀面
> 收進來統攝於主觀境界上而化除,依是,道、無、一、
> 自然,俱從客觀方面天地萬物之背後翻上來收進來而自

---

9 此原出於《莊子·秋水》篇,與司馬遷所引稍異。其文如下:「莊子釣於濮
水,楚王使大夫二人往先焉,曰:『願以竟內累矣!』莊子持竿不顧,曰:
『吾聞楚有神龜,死已三千歲矣。王巾笥而藏之廟堂之上。此龜者,寧其
死為留骨而貴乎?寧其生而曳尾於塗中乎?』二大夫曰:『寧生而曳尾塗
中。』莊子曰:『往矣!吾將曳尾於塗中。』」見郭慶藩:《莊子集釋》(北
京:中華書局,1997年),第3冊,頁603-604。

10 《淮南子·氾論》云:「全性保真,不以物累形,楊子之所立也。」見劉文
典:《淮南鴻烈集解》(北京:中華書局,1997年),頁436。

主觀境界上講。……「自然」是繫屬於主觀之境界，不
是落在客觀之事物上。[11]

說莊子將道的客觀性、實體性「從天地萬物之背後翻上來浮在
境界上而化除」，意思是指在莊子的修養實踐下，客觀實在之天
地萬物被收入主觀而統攝為一「境界」。萬物既是主觀所呈之
「境」，那麼道之作用亦是主觀中的境界昇進，是價值世界的改
變，而非客觀實在的作用。[12]所以不管莊子言工夫是否牽涉到「萬
物」的客體，牟氏還是可以一概以「境界」視之，一切實踐都
可收攝於主體的自我修養而無涉於客觀世界。

　　之所以會有這樣的理解進路，當然不是沒有原因。《莊子》
三十三篇，主要內容確實是在闡述工夫修養及生命境界，而作
為標示「宗旨」的首篇——〈逍遙遊〉，[13]一開始便高談象徵意
義極強的「大鵬怒飛」寓言，這樣的行文安排，似乎暗示著其
哲學思想的關懷，皆在主體生命的提升方面。故一般認識莊子，
便理所當然地從其主觀的意義上著眼，關注其作用為「內聖」
的一面。這樣的理解一直以來成為解莊的重要觀點，甚至有時
被擴大為莊學的全部。而這樣的觀點，基本上又可以分為以下
兩類：

---

[11] 牟宗三：《才性與玄理》（臺北：臺灣學生書局，1997 年），頁 178。
[12] 參閱牟宗三：《中國哲學十九講》（臺北：臺灣學生書局，1997 年），頁 130-131。
[13] 宣穎云：「莊子，明道之書，若開卷不以第一義示人，則於道有所隱。第
一義者，是有道人之第一境界，即學道人之第一工夫也。內篇以逍遙遊標
首，乃莊子心手注措，急欲與天下撥霧觀青，斷不肯又落第二見者也。」
見《南華經解》，《莊子集成續編》（臺北：藝文印書館，1974 年），卷 32，
頁 23。

以較偏狹的詮釋而言，莊子哲學之目的只在於修生保真，不受外物荷累，以成全自身之生命；換句話說，作用唯在主體而不在客觀存有。此即如漢代班嗣所解者，其云：

> 若夫嚴子[14]者，絕聖棄智，修生保真，清虛澹泊，歸之自然，獨師友造化，而不為世俗所役者也。漁釣於一壑，則萬物不奸其志；栖遲於一丘，則天下不易其樂。不絓聖人之罔，不齅驕君之餌，蕩然肆志，談者不得而名焉，故可貴也。(《漢書‧敘傳》)

班嗣認為，工夫所至則能「清虛澹泊、歸之自然」，以使其志不為萬物所奸、其樂不為天下所易。若此，則莊子之學誠以「志」、「樂」之保持為的，而無慮於「萬物」、「天下」之如何，故僅顯一主體之「自我保持」作用，而無有任何外王事業之成就。

而在較廣義的詮釋而言，莊子思想則被視為解消主觀中物我對立的良方，透過這種境界哲學，能讓生命主體在面對客觀事物時做出恰當的順應，以達物我兩不相傷之目的。此則如郭象注所表現的形態。其云：

> 夫自任者對物，而順物者與物無對，故堯無對於天下，而許由與稷契為匹矣。何以言其然邪？夫與物冥者，故群物之所不能離也。是以無心玄應，唯感之從，汎乎若不繫之舟，東西之非己也，故無行而不與百姓共者，亦

---

[14] 顏師古注曰：「嚴，莊周也。」

> 無往而不為天下之君矣。以此為君，若天之自高，實君之德也。（〈逍遙遊〉注）[15]

> 與人群者，不得離人。然人間之變故，世世異宜，唯無心而不自用者，為能隨變所適而不荷其累也。（〈人間世〉注）[16]

就「隨變所適而不荷其累」之安適無累而言，郭注與班嗣之境所差無幾，但由主體「無心玄應，唯感之從」而致「與物冥而群物不能離」的意義，便能說一種應對外物的「應世」之道。但若要說這針對世世異宜所做的「冥合」即等於是「外王」，則似乎有所不足，因為它缺乏治化實有世界的創造意義，而只不過是物我對待關係的解消；換言之，「與物冥合」只意謂著不和外在環境衝突，在客觀世界這一面而言頂多意謂不傷害外物，卻無法保證如此便能使外物「存在為最好的狀態」。[17]物、我之間儘管得以「相安無事」，卻並不等於是「各得其正」，這道理是很分明的；否則與世同流合污而致使「眾皆悅之」的鄉愿[18]豈

---

[15] 同註9，第1冊，頁24。

[16] 同前註，頁131。

[17] 就牟宗三先生所言，郭象注是一主觀境界形態。《才性與玄理》中有言：「『自然』之義顯，而境界形態之道、無、一與自然，亦浮現，而不得不繫屬於主體中心而言之矣。郭注甚能把握此義，而莊子亦實未就客觀宇宙，施以積極之分解，而建立一『實有』式之本體也。此即吾前文所謂之『不著』。因為『不著』，故郭象得以言『天地以萬物為體，而萬物必以自然為正』，有此直截了當之『當體觀』也。如此，則分解方式下，萬物背後之道與體，無與一，自不得不浮上來而繫屬於主體矣。」同註11，頁186。

[18] 《孟子‧盡心下》：「萬章曰：『一鄉皆稱原人焉，無所往而不為原人。孔子以為德之賊，何哉？』曰：『非之無舉也，刺之無刺也；同乎流俗，合乎污世；居之似忠信，行之似廉潔；眾皆悅之，自以為是，而不可與入堯舜之

不即為處世典範？郭象的「與物冥」僅能解消對立，所以還是消極意義的作用，不能達致化世成治的積極成就。

　　當然，沒有積極的化世作用，並不能說就是哲學理論上的缺陷，療傷治病或是自我保持，對生命一樣具有正面意義。不過，若真的只將莊子應世思想的「應世」二字，囿限於「『應』付人『世』紛雜」之消極意義，使其哲思僅守成於「生命哲學」的格局，則將令莊子斷離於戰國時期以「拯濟時弊」為基本關懷的思想脈絡，彷彿其與整個時代思潮完全無關一般。司馬談也曾說過：「夫陰陽、儒、墨、名、法、道德，此務為治者也」（〈論六家要指〉），明白指出先秦諸子的共同關懷在於「務為治」。在諸子百家皆面對「周文疲弊」之挑戰而紛紛提出回應之際，莊子卻脫離化世求治的氛圍，自顧自地主張一套只關注於「個體生命自適與否」的哲學，這思想的誕生過程不啻顯得突兀，因而也不由得令人對這樣的詮釋方向抱持懷疑。因此當我們在面對《莊子》文本時，有必要特別照顧到其「發生意義」的面向，以避免忽略思想發生的時代因素，如此也才能使其思想獲得較周延的理解。

　　而在此之外，由於《莊子》多以境界語言表述超越理念的緣故，在「否定其哲學具有外王作用」的理解形態中，超越的玄遠境界也很容易被誤會為「空言高談」或甚至是「虛幻玄想」之意。如宋代理學大師朱熹就這麼批評：「老子猶要做事在。莊子都不要做了，又卻說道他會做，只是不肯做。」[19]這顯然是以

道，故曰德之賊也。」」

[19] 見黎靖德編：《朱子語類》（北京：中華書局，1999年），第8冊，頁2989。

道德創造觀點的「做事」，來衡斷「作用的保存」[20]意義之「實現」，[21]於是就會將莊子「聖人不從事於務」（〈齊物論〉）[22]的超越性格解成「光說不練」的浮誇；顯示出理學家儘管在生命問題上析理精密，但對莊學的思想脈絡仍然不能契入，故其述評亦難與相應。

不過對於莊子最激烈的批判，還不在於堅持具體道德創造的理學家，相較於近代一些自許科學、務實的學者，朱熹「不肯做事」的批評已算是溫厚。在某些持唯物論調學者的描述中，莊子對「自適」的追求變成了自我中心的逃避主義，徹頭徹尾地只是為了保護自我而否認現實，一切修養工夫在其解釋中全成了創造幻想的手法。著名代表人物譬如馮友蘭先生，他就曾說道：

---

[20] 「作用的保存」為牟宗三先生說明道家實現作用的主要概念，以此詮釋道家否定式的語言表達方式。牟宗三先生對「作用的保存」一詞解釋如下：「你如何以最好的方式，來體現你所說的聖、智、仁、義呢？這是 How 的問題。既是 How 的問題，那我也可以說你是默默肯定了聖、智、仁、義！當然可以這麼說，但它不是從實有上、正面原則上去肯定，它的肯定是作用中的肯定。我就給它找一個名詞，叫：作用的保存。它當然不是正面來肯定聖、智、仁、義，但也不是正面來否定它們。」同註 12，頁 134。

[21] 牟宗三先生云：「因此創造 creativity, creation 用在儒家是恰當的，卻不能用於道家，至多籠統地說它能負責物的存在，即是使物實現。『實現』更籠統，說創造就太落實了。所以我們不要說創造原則，而叫它『實現原則』（principle of Actualization）。」同前註，頁 104。

[22] 郭注云：「務自來而理自應耳，非從而事之也。」成疏曰：「夫體道聖人，忘懷冥物，雖涉事而不以為務。混跡塵俗，泊爾無心，豈措意存情，從於事物！」（同註 9，第 1 冊，頁 97-98。）故道家聖人是以無心而涉事，而非措意存情於事物，故雖不顯「做事」之象，卻能使其事自成。

在戰國時期，沒落奴隸主階級中，有一部分認為，在奪
權鬥爭中，自己已經失敗，已經失去的天堂不能再恢復
了，只可於自己的主觀幻想中，另建立一個自欺、欺人
的天堂，聊以自慰。莊周的哲學就是這種階級意識的理
論化和系統化。[23]

莊周保全自己的辦法和理論是，抱一種他認為是旁觀、
「超然」的態度，對事物的變化漠然無動於衷。他認為，
這樣，就可以從當時階級鬥爭的苦惱中解脫出來，以得
到精神上的、也就是主觀的「自由」、「幸福」。[24]

關鋒先生則說：

莊子的主觀唯心主義，擴張主觀精神，卻是向消極的內
向、向幻想世界（所謂「無何有之鄉」）追求，在自己的
頭腦裏幻造絕對自由的王國，以求精神上的自滿自足，
而逃避現實，閉起眼睛來把現實世界想像為虛幻，把人
生看做夢。[25]

「主觀唯心主義」是這類詮釋路數對於莊子思想的基本判斷，
他們認定莊學沒有向客觀面進行創造的意圖，所以主觀中一切
的價值轉變不過是頭腦的「想像」，是一種逃避現實的妙方。在
此詮釋中所言及的「自我」，顯然只是經驗層次意義的心理活
動，難怪「超然」會變成「對事物的變化漠然無動於衷」，而「無

---

[23] 見馮友蘭：《中國哲學史新編》（臺北：藍燈文化事業股份有限公司，1991
年），第 2 冊，頁 126。

[24] 同前註，頁 127。

[25] 見關鋒：《莊子內篇譯解和批判》（北京：中華書局，1961 年），頁 5。

何有之鄉」也只能是「幻想世界」。在此觀點之下，馮氏所謂莊子「主觀的『自由』、『幸福』」看來諷刺的意味是大過於肯定，或許更明白的說法就是關鋒所斥的「逃避現實」。這也算是莊子思想的諸般詮釋中，將其所具主觀性之負面意義發揮到極限的例子。

如此的詮釋是否過度貶低了莊子，其實學界早有公論，在此無須多費筆墨致辯，但透過這種解釋型態我們也可以意識到，缺乏了對實在界的積極作用，莊子哲學的價值無疑失色不少，有時甚至顯得有些窘困。這問題假若不能解決，則莊子哲思難免遭受「幻想」之譏；或者如朱熹所批評的，莊子變成只是個「會說不會做」的空談者。這對莊子思想之現代意義的開發而言，無疑也成為嚴峻的挑戰。

所以在這裡我們要問的是：莊子的思想真的只是一套關於主體修養的哲學嗎？難道莊子對於客觀世界從未思圖改善嗎？平心而論，這確實是個應該深入探討的問題。近代學者中，較明確論及莊子思想之客觀作用的人以梁啟超為最早。

若我們從中國最早的學術論評——《莊子・天下》篇中的記述來看，其實它並不曾將莊子哲學侷限在「主觀」作用的範圍中。我們可以看看〈天下〉篇怎麼形容莊子，它說：

> 其於本也，弘大而辟，深閎而肆；其於宗也，可謂稠適而上遂矣。雖然，其應於化而解於物也。

這段話的關鍵在於「應於化而解於物」一句，它描述了主體與萬物間交互作用的存在。成玄英對此疏曰：「言此莊書，雖復諔

詭，而應機變化，解釋物情，莫之先也。」[26]陸長庚則云：「順天地自然之化，以解萬物之懸結也。」[27]就「解釋物情」、「解萬物之懸結」的注文來看，其意涵其實可以同時兼括兩個面：它一面可以就主觀意義講主體的解脫物累，不受外物干擾心境；但另一方面，它也可意指在客觀上化解外物的糾結，使事物的秩序回歸和諧。因此「解」這個字未必一定只能就「主觀」這一面言。這個意思還可以藉〈養生主〉中「庖丁解牛」之寓言來說明，若我們同意此寓言是以刀刃喻生命主體，而以牛身喻人間世，[28]則其「解牛」的實踐一方面是「遊刃」（開展精神空間），另一方面也是「解節」（解消人世紛爭糾結）；只要稍加細思，便可知此實為一事之兩面。故而「應化解物」除了主觀面「解脫於物累」的意義以外，也應該可以從客觀意義來說一種「化解萬物懸結」之道，若此，則莊子之道實亦有化世之功。

這樣解釋莊子，看來雖較一般理解為積極，但也不能說是強解文獻，《莊子》文本中是可以找到不少佐證的。舉內篇〈德充符〉的首章為例，其中如此描述莊子心目中的聖人氣象：

---

26 同註9，第4冊，頁1102。

27 見陸西星：《莊子南華真經副墨》（臺北：自由出版社，1974年），頁1186。

28 「庖丁解牛」寓言向來被理解為暗喻著生命主體通過人間之世的過程與方法，而與之後的〈人間世〉篇有相互轉注之妙。如陳鼓應先生所說：「第二章，藉『庖丁解牛』的故事，以喻社會的複雜如牛的筋骨盤結；處理世事當『因其固然』、『依乎天理』（順著自然的紋理），並懷著『怵然為戒』的審慎、關注的態度，且以藏斂（『善刀而「藏」之』）為自處之道。『庖丁解牛』的意旨在〈人間世〉篇中得到更具體、更細微的發揮。」（見陳鼓應：《莊子今註今譯》〔臺北：臺灣商務印書館，1999年〕，上冊，頁101。）由此可知此一寓言所喻示的乃是主、客體間互動關係方面的問題。

> 魯有兀者王駘，從之游者，與仲尼相若。常季問於仲尼
> 曰：「王駘，兀者也，從之游者與夫子中分魯。立不教，
> 坐不議。虛而往，實而歸。固有不言之教，無形而心成
> 者邪！是何人也？」仲尼曰：「夫子，聖人也，丘也直后
> 而未往耳！丘將以為師，而況不若丘者乎！奚假魯國，
> 丘將引天下而與從之！」

由這段對話可以看出仲尼推崇備至的王駘，其成就並非只在於
自得逍遙。雖然他「立不教、坐不議」似乎毫無作為，但從之
游者可都是「虛而往，實而歸」，故常季驚曰：「固有不言之教，
無形而心成者邪！」可以看出，王駘透過修養而達致的作用，
不僅是獲得主體的「自適」而已，還向外影響著客觀世界，而
使外物實現其理想的存在狀態。以這樣的作用衡諸前面所引〈天
下〉篇「應於化而解於物」這句話，就可以明白「解於物」一
語釋作「化解萬物之糾結」可能較恰。若究其原理，可用莊子
對王駘「不言之教」的一段解釋來說明，其言道：

> 人莫鑒於流水，而鑒於止水，唯止能止眾止。受命於地，
> 唯松柏獨也正，冬夏青青；受命於天，唯堯、舜獨也正，
> 在萬物之首。幸能正生，以正眾生。

成疏云：「夫止水所以留鑑者，為其澄清故也；王駘所以聚眾者，
為其凝寂故也。止水本無情於鑑物，物自照之；王駘豈有意於
招攜，而眾自來歸湊者也。」[29] 由「止水留鑑，為其澄清」的意
思，便可以談一種「唯止能止眾止」的自正正人之道。萬物本

---

[29] 同註9，第1冊，頁194。

具自我回歸的要求（老子所謂「反者道之動」），能使人自見其
貌，則即在使其回歸本性。這雖然不同於儒家「風行草偃」式
的教化，但也有其實在的化世作用，並非只是主觀境界中對萬
物的「價值轉化」而已。在此之外，〈人間世〉裡也提到生命中
存在著一些不可逃的所謂「大戒」：

> 天下有大戒二：其一命也，其一義也。子之愛親，命也，
> 不可解于心；臣之事君，義也，無適而非君也。無所逃
> 於天地之間，是之謂大戒。是以夫事其親者，不擇地而
> 安之，孝之至也；夫事其君者，不擇事而安之，忠之盛
> 也。自事其心者，哀樂不易施乎前，知其不可奈何而安
> 之若命，德之至也。

從這段話來看，莊子實承認生命中有一些必然的價值要求（譬
如義、命），縱然他只是以側面的方式（「不可解」與「無所逃」）
肯定之，但不能不承認這些必然要求的確存在。以此為根據，《莊
子》便可以講一套「用世」的實踐方法。當然，這種「用世」
不會是儒家或基督教式的創生形態，而只是道家作用之保存實
踐下的「不生之生」。[30]但即使如此，莊子仍算對客觀世界作出
了安排，而不只追求郭象所說「隨變所適而不荷其累」的生命
境界而已。

　　儘管郭象以「隨變所適而不荷其累」的意涵理解《莊子》，
但其實郭象也曾有過「德充於內，物應於外，外內玄合，信若
符命，而遺其形骸也」[31]的提法；細加分析，便可知此說實際上

---

30 同註 12，第五講，頁 104-108。
31 同註 9，第 1 冊，頁 187。

已經表露出莊子應世實踐的客觀意義。依此言之意，只要德性充實於內，外在事物必然與之相應，彼此間的互動將會信若符命。符命因為是由同一塊竹片剖分而成，故而兩塊符片間必然相合；以此作為生命內、外關係的譬喻，不但意味著莊子工夫產生客觀作用的可能，並且還暗示了此客觀作用具有先驗的合目的性。因此若此說獲得證立，則莊子修養的意義便不止於追求主觀上的安適，而還應該含括實現客觀世界的和諧。由此莊子思想除了可以擺脫一直以來「消極」、「空想」之類的誤會和批評，並且還能夠為自由主義提供理論上的根據，進一步指導現代民主政治的實踐，而成為名符其實的「內聖外王之道」。[32]

（二）「應世」一名的主客兩面意涵

本文要探討的課題，乃在於莊子之實踐活動在主、客觀兩界中所能產生的作用；換言之，除了一般所理解關於主體生命的「自適、逍遙」以外，對客觀世界之「善化」作用的存在與否，亦是本文關懷的主題。因此，在莊子不分內外的實踐方法下，我們必須同時考慮其所作用的兩個半面，即所謂「內聖」與「外王」的兩面意義。「內聖外王」一語原出於《莊子・天下》篇，乃是篇中論及道術觀時所提出的一個概念。其言曰：

> 天下大亂，賢聖不明，道德不一。天下多得一察焉以自好。……判天地之美，析萬物之理，察古人之全，寡能備於天地之美，稱神明之容。是故內聖外王之道，闇而不明，鬱而不發，天下之人各為其所欲焉以自為方。悲

---

[32] 此為《莊子・天下》篇論道術作用之語，後文將對此概念再作討論。

> 夫！百家往而不反，必不合矣！後世之學者，不幸不見
> 天地之純，古人之大體。道術將為天下裂。

就這段文字，尚不易看出「內聖外王」的實際內容，只知道在
天下大亂的時勢下，自古傳承的「道術」被學者之偏見所割裂，
[33]致使後世不見天地之純，內聖外王之道從此闇而不明、鬱而不
發。以這行文的脈絡來看，「內聖外王之道」與文中所稱，作用
通貫主客內外的「道術」應該是同義詞。而關於「道術」的意
涵，〈天下〉篇中說：

> 古之所謂道術者，果惡乎在？曰：「無乎不在。」曰：「神
> 何由降？明何由出？」「聖有所生，王有所成，皆原於
> 一。」……古之人其備乎！配神明，醇天地，育萬物，
> 和天下，澤及百姓。明於本數，係於末度，六通四辟，
> 小大精粗，其運無乎不在。

「神」、「明」透過「道術」的實踐，而有「聖」和「王」的生
成作用。這些作用具體地說而言就是「配神明，醇天地，育萬
物，和天下，澤及百姓。」從主觀超越的「配神明」到客觀實
有的「和天下，澤及百姓」，由內漸次而外，「內聖外王」一語
將主客兩界之實現作用一體統括起來。對此，王邦雄先生曾提
出一理論架構以說明其內部關係。其言道：

---

33 當然，道術是統貫古今的，「古」是道家傳統上用來表達理想形態的代詞。
　王邦雄先生言：「『古之所謂道術者，果惡乎在』的提問，旨在逼顯今之道
　術已不在的人為錯失。」《儒道之間》（臺北：漢光文化事業股份有限公司，
　1994 年），頁 105。

> 道術是道體即體起用，當體流行，上之神降由下之聖，
> 上之明出為下之王，神體明用，神降為聖，明出為王，
> 形上之道，其運無乎不在，神體內在為人間之聖，明用
> 下照為人間之王。從上下直貫而言，神明是上，聖王是
> 下，從內外橫通而言，神聖是內，明王是外。[34]

我們將這段文字作成圖示以方便解說：

	內	外
上	神	明
下	聖	王

依其說，就上下的直貫關係論，神明為聖王之體，聖王為神明
之用；而以內外的橫通關係而言，神聖為明王之體，明王為神
聖之用。「上下」是指超越層與經驗層，「內外」則指主觀界與
客觀界。因此「內聖外王」一詞，是就道術落實於經驗生命的
作用而言，在內則曰「聖」，而對外則為「王」，故而「內聖外
王」所表示者，乃是主客兩界存在的理想狀態之實現。對此一
橫跨內外的作用範疇，梁啟超先生有相同的看法可作為支持，
他說道：

---

[34] 同前註，頁 106。

> 「內聖外王之道」一語，包舉中國學術之全部。……其
> 旨歸在於內足以資修養而外足以經世。[35]

由此說來，「內聖外王」的意義似乎全幅含括了內在修養與外部
事功兩方面，而表現為一體的大用，這大概也就是〈天下〉稱
其「六通四辟，小大精粗，其運無乎不在」[36]的原因。不過即使
如此，「內聖」與「外王」在概念上還是有不同的指涉，就方法
論的意義而言，「內聖」可以說是主觀境界的提升作用，而「外
王」則是言客觀實有世界的善化作用；兩者通貫起來，才是工
夫所產生之作用的兩個半面，這也是本文對於莊子哲思所欲進
行的考察方向。

　　以〈天下〉篇的描述，莊子理想的「物─我」關係是「應
於化而解於物」，其表現在具體的實踐上，就是〈內篇〉中以〈人
間世〉與〈應帝王〉兩篇所代表的「應世思想」。[37]「應」這個
字取義於鏡之照物，它在莊子思想中有特殊的意涵，表示著一
種無預設目的之觀照活動，類似於康德所謂的「反思判斷」。[38]無

---

[35] 見梁啟超：《諸子考釋》（臺北：臺灣中華書局，1976 年），頁 4。

[36] 成玄英疏道：「大則兩儀，小則群物，精則神智，粗則形像，通六合以遨遊，
法四時而變化，隨機運動，無所不在也。」同註 9，第 4 冊，頁 1068。

[37] 在一般的區分上，〈人間世〉與〈應帝王〉兩篇章會往往被劃分成「處世哲
學」與「政治哲學」兩塊，認為兩者分屬不同的實踐領域。但若就莊子的
哲學形態而言，如此區分意義其實不大，因為兩者皆屬於主體應對於外物
的活動，這在莊子的實踐中是通貫為一的。關於此義，將在第四章再加詳
論。

[38] 康德云：「一般判斷力是把特殊思考為包含在普遍之下的能力。如果普遍的
東西（規則、原則、規律）被給予了，那麼把特殊歸攝於他們之下的那個
判斷力（即使它作為先驗的判斷力先天地指定了惟有依此才能歸攝到那個

目的地觀照對象，對象才能以其真實面目回應之，這是莊子涉世應物的基本原則。〈應帝王〉有段話最能表現這個意思，其言道：

> 至人之用心若鏡，不將不迎，應而不藏，故能勝物而不傷。

所謂「不將不迎，應而不藏」，意義自當透過鏡子的作用來把握。鏡子既不預先構畫顯現於鏡中之物，照後也不留存之前映現之像，而只是即時將所照之物如實反映。這種特性，莊子以之譬喻至人之無心對物，乃取其「來即應，去即止」[39] 之意，故言「應而不藏」。能夠應而不藏才能「勝物而不傷」，清代陳壽昌注此曰：「應萬變而不傷本體」，[40] 對主體而言是「不傷」，對客體而言則能「相應」，作用同時關連到主客兩面，這正表現了至人涉世的「應化解物」之功。以心鏡照物，不是以某個形象要求外物，而是讓外物自己看見自己——透過看見現實中的自己而醒覺，而能自求回歸真實的自己——所以其中沒有達成標準與否的問題，因此也沒有主客尖銳的對立性。而就其作用方面說，在客觀面是使物能夠成其自己，在主觀面則是生命的自我保全，這也便是所謂的「勝物」與「不傷」。

普遍之下的那些條件）就是規定性的。但如果只有特殊被給予了，判斷力必須為此去尋求普遍，那麼這種判斷力就只是反思性的。」（見康德著、鄧曉芒譯：《判斷力批判》〔北京：人民出版社，2002 年〕，頁 13-14。）此界定較為抽象，其具體意義可參閱曹俊峰：《康德美學導論》（臺北：水牛出版社，2003 年），頁 146-168。

39　見郭象注。同註 9，第 1 冊，頁 309。

40　見陳壽昌：《南華真經正義・內篇》（臺北：新天地書局，1972 年），頁 63。

　　就莊子思想形態以言，其涉世的實踐活動，其實並無關乎任何「目的」之成就，而僅僅是其神明的自然流行。神明流行則必然有「應而不藏」之照物作用，於是萬物便在此鏡照中成其自己。因此，若以帶有目的性色彩的「淑世」或「治世」等詞彙來形容外王方面的實踐，於義或者有所不切，如此，則更遑論「政治」、「君道」這些用語。莊子之治世，是以不治而治，故本文在討論「外王實踐」的目的下，採用涵有「應而不藏」之意的「應世」一詞作為題名。這樣不但可以突顯莊子思想形態的特殊性，同時也能呼應〈應帝王〉篇題名以「應」字所詮表的「帝王」之德。

（三）解決問題的契機

　　〈應帝王〉中說：「明王之治：功蓋天下而似不自己，化貸萬物而民弗恃；有莫舉名，使物自喜；立乎不測，而游於無有者也。」這是莊子對理想政治的描畫。面對這樣的敘述，我們或許可以接受明王之治的確有「功蓋天下」、「化貸萬物」這些及於客觀世界的作用，但要如何從「立乎不測，而游於無有」的主觀修養來產生這樣複雜的客觀作用，莊子卻是未作交代；或者說，至少從未直接說明其中因果關係。由主觀作用到客觀作用之間因果連結的缺乏，讓莊子的「明王之治」有如無源之水，教人莫名其妙。這不但會使莊子的外王實踐淪於神秘主義；更甚者，其事功將被視為偶然的「巧合」或遭致「幻想」之譏。所以想要研究莊子之道的外王作用，除了舉出文本中主體修養與客觀事功的對應性以外，揭露兩者之間的因果關係亦相當重要。不能呈現這一點，則「主觀修養」與「客觀作用」之間就

缺乏必然關連，以「游於無有」的修養而欲達致「功蓋天下」的作用便成了緣木求魚。如此不但「內聖」與「外王」間的關連性無法獲得說明，最終連外王作用的實在性也將遭到否定。

在研究《莊子》的過程中，筆者多次讀到一組意涵難以確定的文字，內容所談論的是至人、神人影響世界的神奇作用，其描述似乎有些天馬行空，越出了一般人對於哲學書寫的理解範圍。以寫得最詳細的〈逍遙遊〉為例，其對神人的形容是這樣的：

> 藐姑射之山，有神人居焉，肌膚若冰雪，淖約若處子。不食五穀，吸風飲露。乘雲氣，御飛龍，而遊乎四海之外。其神凝，使物不疵癘而年穀熟。……之人也，之德也，將旁礴萬物以為一。世蘄乎亂，孰弊弊焉以天下為事！之人也，物莫之傷，大浸稽天而不溺，大旱金石流土山焦而不熱。是其塵垢秕糠，將猶陶鑄堯舜者也，孰肯以物為事！

藐姑射神人「不食五穀」、「吸風飲露」其事雖屬神奇，但還不至於難以想像；可是說他能乘雲氣、御飛龍，精神凝聚還可使物不疵癘[41]而年穀熟，這就相當不可思議。在這樣的描述下，真人的生命不受外物傷害已非奇事，所以莊子又提到其具有「大浸稽天而不溺，大旱金石流土山焦而不熱」的本領，將真人水火不侵的能力盡情鋪排，讓讀者有置身神話世界的感受。

---

[41] 成玄英疏云：「疵癘，疾病也。」同註9，第1冊，頁30。

與這段文字內容類似的說法，不斷重複出現於《莊子》書中，並且其分布還廣遍於〈內〉、〈外〉諸篇中，為了討論方便，現將之羅列如下：

> 至人神矣！大澤焚而不能熱，河漢沍而不能寒，疾雷破山、飄風振海而不能驚。若然者，乘雲氣，騎日月，而游乎四海之外，死生無變於己，而況利害之端乎！（〈齊物論〉）

> 古之真人，不逆寡，不雄成，不謀士。若然者，過而弗悔，當而不自得也。若然者，登高不慄，入水不濡，入火不熱。是知之能登假於道者也若此。（〈大宗師〉）

> 至德者，火弗能熱，水弗能溺，寒暑弗能害，禽獸弗能賊。非謂其薄之也，言察乎安危，寧於禍福，謹於去就，莫之能害也。（〈秋水〉）

> 至人潛行不窒，蹈火不熱，行乎萬物之上而不慄。（〈達生〉）

> 古之真人，知者不得說，美人不得濫，盜人不得劫，伏戲、黃帝不得友。死生亦大矣，而無變乎己，況爵祿乎！其神經乎大山而無介，入乎淵泉而不濡，處卑細而不憊。（〈田子方〉）

這些文字講述著「至德者」與「客觀世界」的關係，認為至德者能發揮超越於常人的能力趨吉避凶（物莫之傷），甚至能夠改造外在的客觀環境（使物不疵癘而年穀熟）。就一般經驗的觀點來看，這種天馬行空的表述簡直接近神話的程度，對於講究理

性思考的哲學而言，似乎誇張得令人難以接受。於是除了以神仙妙術來解釋的宗教觀點以外，學者多半以此為「寄言出意」，視之為對至人境界的一種隱喻。這種詮釋進路可以郭象《莊子注》為代表，他在注解〈逍遙遊〉「藐姑射之山，有神人居焉」一文時直接表明道：

> 此皆寄言耳。夫神人，即今所謂聖人也。……今言王德之人而寄之此山，將明世所無由識，故乃託之於絕垠之外而推之於視聽之表耳。[42]

郭象認為，這些文字試圖表達現象世界所無由識之的道理，所以託言於絕垠之外的幽邈世界，以使處身視聽經驗中的讀者能夠間接的理解。而為了使意義更加顯明，作疏解的成玄英又補充了這麼幾句話：

> 斯蓋寓言耳，亦何必有姑射之實乎，宜忘言以尋其所況。[43]

「亦何必有姑射之實乎，宜忘言以尋其所況。」這句話已經將「寓言」的虛託之意表達得很清楚，意謂對於姑射神人之說根本不必求其實，而應該「忘其言以尋其所況」。顯然，郭注與成疏皆不以為那些談論「神人之功」的文字有任何的客觀實在性，而只視為一文學性的隱喻。[44]這種態度表現在對「登高不慄，入水不濡，入火不熱」這類文句的詮釋上，便是將神人顯於客觀

---

42 同註9，第1冊，頁28。

43 同前註。

44 吳怡先生云：「這段話講神人的超逸，不食人間煙火，而能騰雲駕霧。當然這都是文學的描寫。」見《新譯莊子內篇解義》（臺北：三民書局，2000年），頁36。

世界之神異作用，內化為「夫安於所傷，則傷不能傷」[45]的主觀境界。郭象這樣說：

> 無往而不安，則所在皆適。死生無變於己，況溺熱之間哉！故至人之不嬰乎禍難，非避之也，推理直前而自然與吉會。[46]

成玄英則疏之曰：

> 夫達於生死，則無死無生；宜於水火，則不溺不熱。假令陽九流金之災，百六滔天之禍，紛紜自彼，於我何為！
> 故郭注云：死生無變於己，何況溺熱之間也哉！[47]

「無往而不安，則所在皆適」是這些說法的基本觀念，意指人若能安於所處，則對溺熱之害自不在意；至人的不嬰乎禍難，其實只是「死生無變於己」的境界展現。牟宗三先生在這方面則提出更清楚的斷言，他說：

> 「大澤焚而不能熱，河漢沍而不能寒，疾雷破山，風振海，而不能驚」這個在道家、儒家都當境界看，不當事實看。不當神通看，也不當神蹟看。這在道家成一個玄

---

[45] 郭象曰：「夫安於所傷，則傷不能傷；傷不能傷，而物亦不傷之也。」（同註9，第1冊，頁32。）郭注之意，以為能安於傷者，則傷亦不為傷，這顯然是一種安於所遇的達觀態度；但這樣的意思卻無法與後面一句「傷不能傷，而物亦不傷之也」有邏輯上的聯繫。能安於傷，是主觀的修養，若說如此便能使「物亦不傷之」，則又牽涉到客觀的實在世界，未免缺乏明顯的因果關係。除非我們承認主觀境界與客觀實在具有超越的因果聯繫，內外相互通感，則「傷不能傷，而物亦不傷之也」之言方得以成立。就此而言，則郭象似亦承認一種超越經驗的物我聯繫存在。

[46] 同註9，第1冊，頁32。

[47] 同前註。

談。它是超過冷熱這種經驗現象的有限範圍，就是一切
焚熱、沍寒無所繫於心，我們的精神不為其影響，能無
入而不自得，到處自在。[48]

以生命哲學的角度而言，如此詮釋當然很有深度，它將《莊子》
從「上刀梯」、「過火炭」之類的信仰狂熱中解救出來，使之成
為理性的安命思想，不能不說是一種義理層次的提升。不過，
這種提升並不是沒有代價的，將一切神異描述都收進主觀境界
詮釋系統的結果，就是使道對於萬物的影響力打了折扣；工夫
的客觀作用全被限制在經驗可證實的「理性」範圍中，除此之
外的超越性，全被當作神秘主義來看待。換句話說，「神妙不可
思議的造化」被認定不宜指向客觀實有，而必須歸屬於主觀境
界的作用方為合理。

　　但這些文字是否一定得如此詮釋才算「合理」，事實上是可
以再商榷的。將它們納入主觀的意義詮釋，一般認為這是「合
於理性的」，但這種所謂的「理性」，更準確的說應該只是「知
解理性」。由康德對理性的批判可以知道，知解理性只能處理經
驗界的對象，對於把握超越者則無能為力，於是在關於超越的
天道以及其作用方面，知解理性根本不能越雷池一步。所以對
於《莊子》中所描寫的神人異能，與其稱之為「不合理的」，更
準確的說來應是「超越的」。或許，我們不是因為「入水不濡、
入火不熱」在現實上不可能才反對之，而是因為其超越於日常
經驗的認知才拒絕承認。事實上，孟子也曾經說過「夫君子所

---

[48] 牟宗三：〈莊子《齊物論》講演錄（十二）〉，《鵝湖月刊》329 期（2002 年
11 月），頁 4。

過者化，所存者神，上下與天地同流」（〈盡心上〉）這樣的話，
一樣將主體修養的結果指向客觀而不可致詰的神秘作用，但卻
較少受到質疑。朱熹對這段文字解釋道：「心所存主處便神妙不
測，如孔子之立斯立、道斯行、綏斯來、動斯和，莫知其所以
然而然也。是其德業之盛，乃與天地之化同運並行，舉一世而
甄陶之。」[49]以此說法為據，第一，我們必須承認心所存主處的
「神妙不測」是指在客觀上的作用，所以方有「舉一世而甄陶
之」之義可言；第二，這些作用是超越於知性能力的，不是經
驗知識的對象，所以說它們「莫知其所以然而然」；第三，這些
客觀的超越作用是立基於主體修養的，它們是心「存主」之下
而產生的結果。以這三點要素作為比較，孟子「君子存神過化」
之言與莊子「神人陶鑄堯舜」之說顯然並無太大不同，所以如
果孟子的「過化存神」之說可以被接受，那麼莊子「物莫之傷」、
「使物不疵癘而年穀熟」的講法其實也沒什麼絕對不能成立的
道理。

　　基於如此的可能性，筆者產生了一個關於莊子外王理論的
思考：神人的生命假使能在客觀實有界中產生「物莫之傷」、「陶
鑄堯舜」的作用，那麼或許莊子的外王實踐也可以透過這條理
路來詮釋，將「主觀境界的提升」與「客觀實有的改變」聯繫
起來。這意思是說，提升主觀境界即能在客觀世界裡產生陶鑄
善化的作用，如此，則內聖修養也就同時是外王實踐。以這樣
的角度重新審視，「之人也，物莫之傷，大浸稽天而不溺，大旱

---

[49] 見朱熹：《孟子集注》，《四書章句集注》（臺北：大安出版社，1996 年），
頁 494。

金石流、土山焦而不熱」這些描述便有了不同意義。它們雖然
是在談論神人的不為物所傷，但其中蘊含的可不只是衛生保命
之道而已。「物莫之傷」若作為客觀的實在作用，它意味著主體
生命與天地萬物間有一先在的和諧關係，這種和諧的先在性，
指向一種超乎政治意義的存在秩序之貞定。所以上面這段話之
後馬上接著「是其塵垢秕糠，將猶陶鑄堯舜者也」，將神人不為
物傷之說確實地與化世成物的關懷連繫起來，表現出明顯的外
王意向。因此，這些對神人神異的描寫，若不是非要視之為「主
觀境界的文學性表述」，則便有可能涵具實現客觀實在之意義。
這樣的詮釋方式，對多以境界語表述哲學理念的莊子而言，無
疑是開了一扇對外之窗，讓「內聖外王」的實現成為可能。

　　對於前面列舉「神人之功」的神話性表述，類似的敘述居
然前後出現了七次之多，這在《莊》書中是未曾見過的例子。
我們特別指出這幾段文字，並非逕自認定它們是在「寫實」，但
觀莊子對此義如此反覆申說，若只用「譬喻」兩字作為解釋含
糊帶過，而不考慮其他意涵的可能性，則未免太過輕率，恐有
逃避問題之嫌。假如不將此段文字的頻繁出現看作「偶然巧
合」，而當作是種「強調」，則我們便不得不重新反省郭象迂迴
詮釋的「寄言」之說，而必須考慮它其實是在直接表述莊子重
要觀念的可能。事實上，這類文字內容也並非始自《莊子》，在
《老子》早有類似表述，其云：

　　　含德之厚，比於赤子。蜂蠆虺蛇不螫，猛獸不據，攫鳥
　　　不搏。骨弱筋柔而握固，未知牝牡之合而全作，精之至
　　　也；終日號而不嗄。和之至也。（〈五十五章〉）

「蜂蠆虺蛇不螫，猛獸不據，攫鳥不搏」，這樣的現象雖然神異，但其根據則在於「含德之厚」，這顯然是一段表述德性[50]作用的文字。王弼解釋道：

> 赤子無求無欲，不犯眾物，故毒螫之物無犯於人也。含德之厚者，不犯於物，故無物以損其全也。[51]

這意思與郭象「夫安於所傷，則傷不能傷」的說法顯然有所不同。儘管都是描述德性的作用，但王弼此解比較落實，肯定那些作用具有某種程度的現實性，而非完全的譬喻。於是此處所言赤子的「和」，就是與實在界萬物「互不相犯」的自我保全，而非郭象在主觀裡「安於所傷」的「安」。

「安」跟「和」畢竟是不同的，它牽涉到莊子修養工夫的作用範圍，而決定了「外王」一詞的含意。對於神人之功這段文字的理解，若依郭象「安於所傷，則傷不能傷」義，外王只

---

[50] 關於「道德」二字的用法，雖然一般人熟悉以此指謂儒家所言的仁義之性，但它向來不是限於儒家使用的專名。事實上，《老子》本身即又名《道德經》，通書在講述道德實現之如何可能，《莊子》之旨亦主在發揮「道德」之意，故「道」、「德」二字本為諸子用以指稱「物之本質」的共名。對於《莊子》而言，徐復觀先生說：「〈內篇〉的德字，實際便是性字。但〈外篇〉〈雜篇〉，卻常常將性字德字對舉，這一方面是說明莊子或他的後學，受了性字流行的影響；一方面是觀念上進一步的分疏。若勉強說性與德的分別，則在人與物的身上內化的道，稍微靠近抽象地道的方面來說時，便是德；貼近具體地形的方面來說時，便是性。」（見徐復觀：《中國人性論史——先秦篇》〔臺北：臺灣商務印書館，1994 年〕，頁 372。）由此可知「德」、「性」二字亦為莊子所習用，以之指稱「內化於萬物中的道」。本文為了能涵蓋〈內〉、〈外〉、〈雜〉三篇的使用方式，故將「德」、「性」相提並論，以概括地指謂「道分化於物中，使物成其自己之內在本質」。後文所用「德性」一詞皆取此義，而不以儒家「仁義之性」言之。

[51] 見王弼：《老子注》，《老子四種》（臺北：大安出版社，1999 年），頁 48。

是主觀智慧對於外境的圓照，牽涉到的只有價值問題；但若以王弼「含德之厚者，不犯於物」的說法，則不止主觀、恐怕連客觀世界的和諧亦是工夫所致的作用。如此一來，莊子思想便不只是一種解消主體困頓的生命哲學，而是更進一步，成為實現主客一體圓滿的存在哲學。這樣的可能性和格局，是我們在面對《莊子》中「姑射神人」這類關於神通異能的描述時，所不得不進一步深思的。

（四）本研究之目的

依前文對莊子外王問題的分析，可以歸納出本研究的目的大體有三，在此列述如下：

首先，是透過文本內容的耙梳，步步證明莊子哲學具有「外王」思想的存在，或者，至少說明莊子哲學是在「外王」向度上有所關懷的，以澄清一般認為莊子哲學「無事於外王」的誤解。證成此一關懷，除了可以揭露出莊子哲學在時代學思脈絡中的發生意義，並且可以為其現代意義開發更寬廣的可能性。

其次，是在第一點的基礎上，進一步考察莊子之存有論是否為「主客合一」的形態。強調主體與萬物的契合相應，向來是莊子哲思的重要特色（如〈大宗師〉裡「喜怒通四時，與物有宜，而莫知其極」這類說法）。若前一項考察獲得證成，莊子對「外王」的要求確實存在，則其所言的物我通為「一氣」之說，可能就不只在「主觀境界」的意義下成立，還應該更擴大包含「客觀實有」界，而與所有存在同成為「一體」，如此才能保證在心上做的「無為」工夫（莊子在實踐上的唯一方法）能

夠產生客觀實在的作用；否則「無為」工夫不能及於客觀世界，所謂「內聖外王」便只是一席空話。而莊子存有論的「主客合一」型態若得證成，則〈齊物論〉中「天地與我並生，萬物與我為一」之一體觀，便不能離開「通天下一氣耳」的實有世界來理解；這意謂主觀中所開顯的自然境界，其實也正是最客觀的真實世界（相對於片面扭曲的現象世界）。

以此「主客為一」的存有論作為莊學「德福一致」實現的保證，發為實踐，則內聖工夫已是外王的充分方法。在「主觀境界即是物自身界」此一意義下，實踐者只須「乘天地之正」（實現自身德性），已是在「御六氣之變」（治化宇宙萬物）；只須「正生」，便可以「正眾生」。在「自正其生」之外的「正眾生」，莊子認為難免淪於「欺德」之行。所以〈應帝王〉說：「夫聖人之治也，治外乎？正而後行，確乎能其事者而已矣。」聖人之治並不治外，只不過是「正己」而已；正己則能感應於外，萬物自可「能其事」。[52]細究這段話，即可知其乃莊子「外王」本質的和盤托出，充分體現了道家治道「自正正人」的作用型態。能證實莊子為此「即內聖即外王」的作用型態，則其哲學實踐的客觀意義便得以確立。這一點，即是本研究最後也是最主要之目的。

---

52 成疏云：「順其正性而後行化。」同註9，第1冊，頁291。

二、研究材料的處理態度與方法

（一）《莊子》一書的組成與可信度

關於《莊子》書之記載，最早是《史記》說莊周「其著書十餘萬言，大抵率寓言也」，並未言其篇章。直至於班固〈漢書藝文志〉，則方著錄為五十二篇。晉代郭象又刪定為三十三篇，分內篇七，外篇十五，雜篇十一，所存不足七萬字，乃今所見之通行本。[53]對此，王叔岷先生有段詳細的說明：

> 《莊子》原為若干篇，不可知。後漢班固、高誘所見《莊子》為五十二篇。晉司馬彪、孟氏《注本》亦五十二篇，恐非漢時五十二篇之舊。司馬彪《注本》內篇七，外篇二十八，雜篇十四，〈解說〉三。又崔譔《注》二十七篇，內篇七，外篇二十，無雜篇。向秀《注》二十六篇，一作二十七篇；一作二十八篇，亦無雜篇。李頤《集解》三十篇，一作三十五篇。郭象《注》三十三篇，內篇七，外篇十五，雜篇十一。晉人所注莊子，已紛雜如此，則據今傳郭本以論莊子之書，不亦難乎？[54]

這段文字是對《莊子》由漢至晉著錄的羅列，由此可見其書流傳變化之梗概。此中篇卷改易紛雜，難以盡知其詳，由此亦可知王氏感嘆之所由。

---

[53] 成玄英〈莊子序〉：「依子玄所著三十篇，輒為疏解，總三十卷。」同註9，第1冊，頁8。

[54] 見王叔岷：《莊子校詮》（臺北：中央研究院歷史語言研究所，1999年），下冊，頁1434。

從事莊子思想研究，最令人感到棘手的問題，莫過於文獻上的限制。由於文獻流傳的年代久遠，《莊》書的篇章幾經分合改易，於是內容便漸失純粹，難以全然信據。這樣的情形，其實早從郭象注《莊》之前便已開始；由「五十二篇」變成「三十三篇」本來已啟人疑竇，更何況從「十餘萬言」佚失至於「不足七萬字」，根本就大有問題；並且，這還無論於莊周成書時至史遷之間的變化，所以今日所見之通行本絕非《莊》書原貌是可以確定的。關於此，陸德明在《經典釋文・序錄》中提到：

> 然莊生弘才命世，辭趣華深，正言若反，故莫能暢其弘致；後人增足，漸失其真。故郭子玄云：「一曲之才，妄竄奇說，若閼弈、意脩之首，危言、游鳧、子胥之篇，凡諸巧雜，十分有三。」漢書藝文志「莊子五十二篇」，即司馬彪、孟氏所注是也。言多詭誕，或似山海經，或類占夢書，故注者以意去取。其內篇眾家並同，自餘或有外而無雜。惟子玄所注，特會莊生之旨，故為世所貴。[55]

可見在郭象之前，學者便有增足之舉，妄竄奇說，言多詭誕，甚至到了類似《山海經》、占夢書的荒謬地步，因此郭象才有「以意去取」的刪定之舉，將那些不符莊學旨趣的篇章剔除；依郭象的〈後序〉自述，〈閼亦〉、〈意脩〉、〈尾言〉、〈游易〉、〈子胥〉就是這類篇章。[56]此外，由陸德明〈序錄〉之言亦可得知，當時

---

[55] 同註9，第1冊，頁4。

[56] 據劉文典《莊子補正》所錄，此文見於日本高山寺古鈔本。此外，依日本武內義雄教授之說，文中「閼亦」當作「閼弈」；「尾言」當作「卮言」（陸德明《經典釋文・序錄》作「危言」）；「游易」當作「游鳧」。見《莊子補正》（臺北：新文豐出版公司，1975年），卷10下，頁25。

注本分篇除內篇眾家並同外，外雜篇之分判並不一致，可見各家對於內篇之內容早有共識，而外雜篇則直至晉代並無定說，因此相對於外雜篇，內篇是比較可信的。

自宋代蘇軾於〈莊子祠堂記〉中明確提出對〈讓王〉等四篇的懷疑之後，[57]研究者辨偽之說陸續而起；吳澄、蘇輿之徒，對〈駢拇〉、〈馬蹄〉、〈胠篋〉、〈在宥〉、〈繕性〉等篇已抱持存疑態度。至清初王船山時，更在《莊子解》中直指外、雜篇皆非出於莊子之手，而是莊子後學引伸之作。其言曰：

> 外篇非莊子之書，蓋為莊子之學者，欲引伸之，而見之弗逮，求肖而不能也。以內篇參觀之，則灼然辨矣。……故其可與內篇相發明者，十之二三，而淺薄虛囂之說，雜出而厭觀；蓋非出於一人之手，乃學莊者雜輯以成書。[58]

又云：

> 雜云者，博引而泛記之謂。故自〈庚桑楚〉、〈寓言〉、〈天下〉而外，每段自為一義，而不相屬，非若內篇之首尾一致，雖重詞廣喻，而脈絡相因也。外篇文義雖相屬，

---

57 蘇軾〈莊子祠堂記〉云：「余嘗疑〈盜跖〉、〈漁父〉，則若真詆孔子者；至於〈讓王〉、〈說劍〉，皆淺陋不入於道。……去其〈讓王〉、〈說劍〉、〈漁父〉、〈盜跖〉四篇，以合於〈列禦寇〉之篇，曰：『列禦寇之齊，中道而反，……曰：吾驚焉，吾食於十漿而五漿先饋。』然後悟而笑曰：『是固一章也。』莊子之言未終，而昧者勦（同「抄」字）之以入其言。余不可以不辨。」見謝祥皓、李思樂：《莊子序跋論評輯要》（武漢：湖北教育出版社，2001年），頁250-251。

58 見王夫之：《莊子解》（香港：中華書局，1976年），頁76。

> 而多浮蔓卑陋之說；雜篇言雖不純，而微至之語，較能
> 發內篇未發之旨。[59]

其意蓋以為內篇首尾一致而脈絡相因，最可信據；雜篇言雖不
純，仍有微至之語，其可信度次之；而外篇則淺薄虛囂，可與
內篇相發明者十之二三，最屬浮蔓。此說雖不肯定外雜篇，但
亦非全部反對之，而是批判地接受了全書的價值。

到了民國初期，疑古之風大起，傳統的經典皆因此風潮而
見疑於學者。在不甚體貼原典脈絡的詮解下，典籍價值往往遭
到過度貶低，此情形在《莊子》亦無例外。如胡適先生便如此
看待外雜篇：

> 其中內篇七篇，大致都可信。但也有後人加入的話。外
> 篇和雜篇便更靠不住了。即如〈胠篋〉篇說田成子十二
> 世有齊國，自田成子到齊亡時，僅得十二世（此依《竹
> 書紀年》，若依《史記》則但有十世耳）。可見此篇決
> 不是莊子自己作的。至於〈讓王〉、〈盜跖〉、〈漁父〉諸
> 篇，文筆極劣，全是假託。這二十六篇之中，至少有十
> 分之九是假造的。[60]

只因「田成子十二世」之說與〈讓王〉諸篇文筆之劣，便斥外
雜篇十分之九皆為「假造」，未免太過苛刻。事實上，外雜篇亦
有一些不錯的篇章，以張默生先生所評，如外篇的〈秋水〉、〈至

樂〉、〈達生〉，雜篇的〈寓言〉、〈天下〉等，和內篇並無多大分別。[61]對此，唐君毅先生之評價就較為精細，其言道：

> 觀莊子之外雜篇，則其言明較駁雜不純，不如內七篇所言者之一貫。……今觀外雜篇與內篇大不同者，則就文章體裁論，外篇多直接論說義理，雜篇多雜記故事，以說義理，而不相連屬。內篇則既非直接論說義理，而是藉故事以說義理；然自有次序，以連屬成篇。自文章內容而論，則外篇之論理析義，設問答問，多不見逐步深入之層次，又恒偏尚一義，逞情發揮，不見節度；而於其所偏尚之義之說明，亦恒不足以答人之疑難。外篇著者益多意在求文之暢達，故多浮泛之語，不能深閎。王船山謂「外篇文義雖相屬，而多浮蔓、卑隘之說」是也。雜篇則時有精義，王船山所謂有「微至之語較能發內篇未發之旨」（皆見王船山莊子解雜篇之序文中）是也，然多含義未伸，其理不暢。[62]

其見解大體仍依船山之判斷，但對於雜篇則指出其亦有「含義未伸，其理不暢」的問題。是則唐氏對於外、雜兩篇間的評價並無太大差距，而認為皆具有一定參考價值；但儘管如此，也無法與內篇的可靠性相提並論。

　　以上諸家的分判，雖然結論並非全然相同，但基本上對於內篇的肯定是一致的；我們認為，這應該是莊子研究的文獻基

61　見張默生：《莊子新釋》（濟南：齊魯書社，1996 年），頁 9。

62　見唐君毅：《中國哲學原論──原道篇卷一》（臺北：臺灣學生書局，1992 年），頁 404。

礎。事實上，若沒有了內七篇，則一般所理解的「莊學」之名
根本無所依託，所謂「莊子思想」會變成道家諸子的創作雜集；
唯有倚靠較具系統性的內篇文獻作為基礎，莊子哲學的理論研
究方有發展的空間。以此態度觀之，有些學者認為「外雜篇代
表莊子思想」之判斷實在有商榷的必要；[63]以外雜篇定義莊子，
則莊子即不成其所以為「莊子」。除此之外，在對外雜篇的態度
上，首先本文大體同意外雜篇的哲學價值是次於內篇的，但這
並不意味著我們以為外雜篇毫無價值，而只是認為其思想的嚴
整程度不如內篇罷了。儘管外雜篇或者立論卑隘，或者含義未
伸，但仍不能完全否認其與內篇思想具有相當的關連性，就算
無法相信它們是莊子所親作，至少亦可認為其具有「內篇最早

---

[63] 如任繼愈先生便據《史記》之說，認為外雜篇所反映的才應是莊子思想。
其言道：「司馬遷不僅指出莊子『明老子之術』，『詆訾孔子之徒』這個基本
的思想傾向，而且明白點出他所讀到《莊子》中的若干篇的篇名，列舉了
〈漁父〉等篇。司馬遷有忠於史實的品質，有卓越的才識學問，他的記載
應該是可信的。統觀《莊子》全書，凡是『剽剝儒墨』，『明老子之術』的
一些文字，多數集中在外、雜篇。可以說外、雜篇反映的基本思想是莊子
的思想。」（見任繼愈：《中國哲學發展史·先秦》〔北京：人民出版社，1998
年〕，頁384。）司馬遷「是否忠於史實」是一個問題，但他「能否正確判
斷出『史實』」則又是另一個問題。在歷史學的意義上，「史料」並不等於
「史實」。史家於眾多內容相互出入之史料中，擇取某些部分而將之詮釋為
「歷史」，以圖契合於「史實」；這工作的成功與否，端賴於史家的判斷力
（即所謂「史識」），其中牽涉到其人本身的能力與學術、時代背景等廣泛
問題。司馬遷所處的漢初，是個以「黃老術用」為角度來理解道家思想的
時代，史遷本人甚至就身處於黃老思潮的核心中（這一點由其父司馬談所
作的〈論六家要指〉可以很明顯看出來）。在這樣的時代環境中，司馬遷能
否周全地把握道家確旨本來就已經很成問題，要遑說他能相應地理解莊
子，則更是令人難以輕信。所以對於他所認識的「莊學旨趣」，基本上是必
須持保留態度的；以此作為根據來判斷「莊子的代表性思想」，事實上也不
具太大的說服力。

的詮釋作品」之意義，而將之當作重要的參考材料。在這樣的意義下，外雜篇應該被定位為一種輔助性文獻，作為內篇思想的延伸或例證，以幫助理解莊子思想的深邃內涵。

（二）「莊子自作」與「莊學系統」的辯證

要系統地研究莊子思想，不可能不對組成複雜的文獻內容作出檢擇，但到底要以何種角度作判斷，則是一個待於深思的問題。在關於《莊子》內容的真偽分判上，徐復觀先生提出了一個相當具有啟發性的觀點，值得研究者深思。他說：

> 關於三十三篇的真偽問題，應分作兩點來說：一為何者係莊子所自作，何者係莊子學徒所作。二為何者屬於莊學系統，何者非屬於莊學系統。[64]

接著他又說：

> 現行莊子一書中，那些是屬於莊學系統的；那些不是屬於莊學系統的問題，這對於治思想史的人，才是最重要的問題。[65]

在《莊子》的辨偽研究中，到底是該去分辨文本是否莊子親作？還是該討論文本所表現是否為莊學系統？這確實是個該好好考慮的問題。依徐先生的看法，文本意涵是否為「莊學系統」，才是對思想史學者而言最重要的問題；我們對此觀點深表贊同。因為對於《莊子》一書的情況來說，要決定何為莊子親著，何

---

64 見徐復觀：《中國思想史論集》（臺北：臺灣學生書局，1973 年），頁 359。
65 同前註，頁 361。

為後學所作，除了〈天下〉篇的記述以外，[66]截至目前為止實際
上並無堪稱「可靠」的信據。[67]但即使是〈天下〉篇，對於莊周
思想也只記述了基本性格而已。光憑此寥寥數語來判斷《莊子》
六萬多言的真偽，能確定的部分其實相當有限。因此一般關於
「《莊子》內容真偽」的判斷，多半只是基於文本的思想高度或
文字風格所作的推測而已。學者往往以《莊子》中思想成就較
高的部分作為準據，假定它就是莊子親作，然後以此來衡定文
獻中的其他部分。這樣子的評斷，其實並不等於在判斷「文本
是否為莊子手筆」，更準確的說，應該是在考察「文本是否為莊
學系統」。這個「莊學系統」到底是否即等於「莊子親作」或許
並不那麼重要，重要的是，它是整本文獻中最有資格承擔「莊
子思想」此一名號者。所以「莊子思想」一名對於《莊》書而
言，與其說是具有歷史意義，還不如說是具有哲學價值更恰當。
因此對於莊學在「真／偽」上的分判，在此意義下就轉成了「高
／低」方面的區別；我們的《莊子》辨偽，實際上是在考察符
合於「莊子高度」的思想文句之分佈，而非在找尋歷史上莊周
此人曾講論過的言語。

在這樣的意義下，可想而知，內七篇自然是莊子哲學的代
表性文獻。內篇的哲學價值，在前文我們已經透過整理眾家學

---

66 關於〈天下〉篇評斷諸子的可信度，是一個比較複雜的問題，歷來學者多
有討論，本文在此不擬詳述，以免旁生枝節。但大體上來說，儘管學者們
未必皆認可此篇文獻評價角度的客觀性，卻大都承認其著作態度的嚴謹和
批評眼光的精到；所以作為衡定先秦諸子思想的準據，〈天下〉篇應該是個
可信賴的材料。

67 馮友蘭先生云：「有一種傳統的說法，認為內篇是莊子所自著，其餘是門人
弟子後學所著。這只是一種揣測，沒有什麼根據。」同註23，頁114。

者的評斷而將其突顯出來，它被公認是最具思想深度和系統性的作品，所以不管它實際上是否為發自「莊周本人」的哲思，內篇還是必然被當作衡定「莊子思想」的準據。否則，若反以外雜篇的文句為準來衡定內篇，以低論高，顯然不易獲得普遍的認同；並且如此尋繹出來的「莊子思想」，也降低了哲學研究上的價值。所以本論文在研究方法上的第一個原則，便是將內篇文本當作立論的基礎，要求一切命題的提出都必須在內篇中找到根據。由此出發，再將論證延伸到外雜篇，從外雜篇中尋找輔證，以使論述趨近周全。而對於外、雜篇，由於兩者間的優劣在學界向來並無定說，故沒有必要在其文獻上強作價值分判，而一律置之於內篇思想的「旁證」地位。換句話說，本文提出的「莊子哲學命題」都盡量要求由內篇的考察中尋繹出，而不立基於外雜篇的文字。就此而言，則本文不可諱言實際上是一篇以「內篇」為主要研究範圍的論著，這是必須先申明者。筆者冀期透過這樣的方法限定，能使研究獲得更穩固的理論基礎，並且避免掉大部分來自於文獻材料方面的爭議。

（三）外雜篇的可信性應以「段落」作區分

將外雜篇留置於莊學研究的「輔證」地位，意味著其內容的不甚可靠。而其原因則如前面所引述，或者因為立論卑隘，或者由於含義未伸，又或者是記事不符合於其時代；總之，對於莊子的研究而言，外雜篇「不可盡信」的看法已是學界普遍的認知。之所以會有這樣的問題，主要是由於上古文獻的成書方式所造成。當時的文章著作大部分不是以整冊「書」的形態面世，而或是以「篇章」為單位在流傳，或甚至只以「片段文

字」的形式傳播。經過長久的時間以後，這些材料才被學者以某個特定的「學術宗旨」為範圍來編纂成書；這其間，就有複雜的因素相繼摻入。對此，馮友蘭先生這麼說：

> 很早就有人指出，稱為先秦某子的書都是某一個學派的著作總集，雖號稱為某子，但並不肯定其中某些篇是某子所自著的，更不肯定全書都是某子所自著的。……我們不瞭解先秦著作的情況，往往把近代著作人觀念加在先秦著作的上面。其實在先秦，著作人的觀念是不明確的，當然更沒有所謂著作權。不僅稱為某子的書不是一人一時寫的，其中的某些篇也不是一時一人寫的，其中有些部分是陸續添上去的。[68]

不但「一書」多半不是一人一時所著，有時連「一篇」也未必是一時一人所作，一些篇章中的文字，甚至還可能是後人陸續添加而成。所以將稱為「某子」的書視為一個整體，而認為它就是其人所自著，這恐怕不符合當時的著作實況。對於這樣的看法馮氏舉了一個證據，他指出《莊子‧逍遙遊》篇前後共講了兩遍大鵬小鳥的故事，證明此篇文義的不相聯貫，很可能是後人所附益而成。[69]由此可知，不但外雜篇可能不是一人所著，連內篇也未必即為一人所為；因此若以「個人著作」的觀念理解《莊子》，而不加檢別地引據文獻，很可能會導致思想統緒的

---

68 同前註。

69 馮氏言：「《莊子‧逍遙遊》講了兩遍大鵬的故事，結之以『至人無己，神人無功，聖人無名』。以下的幾段小故事，跟前面意義不聯貫。這些可能都是隨後加上去的。」同前註。

混淆。所幸內篇思想基本上可以從〈天下〉篇對莊子的評述獲得印證，並且其文義脈絡的一貫性早為前人所認同，故歷來較少受到質疑。但外雜篇則不具備這些條件，一來其思想型態與內篇並不完全相合（換句話說，也與〈天下〉之記述並不全然相契），二來其內容本身確實也駁雜不純，故難以為人所盡信，因而在莊子思想的研究上也不能與內篇居於同等地位。

除了成書過程的零散片段，編纂者與莊子的時代差距也增加了此書的複雜性。以劉榮賢先生的說法，《莊子》編定的年代約在西漢，「西漢時代的學術觀念和莊子思想產生的當時已有不同。這不同就會影響到漢人將何種範圍以內的材料納入《莊子》書中，同時也影響到如何將這些零散的材料組織成『篇』。」[70]所以《莊子》呈現的面貌事實上是編纂觀點之反映，儘管其「成書年代在西漢」的看法未必即為定論，但編纂者的學術觀念影響到《莊》書內容的組成則是很有可能的。故而後世流傳的《莊子》，尤其在組成複雜的外雜篇這部分，還能保有多少莊子思想的原貌，其實必須劃上一個問號。當然，這樣說並不是完全否認外雜篇的價值，我們並不會粗率地認定外雜篇整體都是「偽書」，而只是想強調其篇章缺乏結構上的純粹性而已。針對於這個問題，劉榮賢先生提出了應對辦法，他說：

> 因此對於外雜篇的研究必須突破「篇章」的限制，將材料還原到原來「章節段落」的層面，將每一自成起記的段落視為獨立的一個單位。透過對每一段落文字的解

---

[70] 見劉榮賢：《莊子外雜篇研究》（臺北：聯經出版事業有限公司，2004年），頁20。

釋，將思想成系統的材料組織起來，以歸納形成一思想
脈絡。[71]

以「段落」作為考察思想意涵的基本單位，對於外雜篇的組成
情況而言是比較適合的研究方法；它擺脫了以「篇章」為研究
單位的窠臼，而使得外雜篇中的文字在最大程度上獲得研究的
可信性。否則若如傳統以「篇章」作為考察單位，則凡篇中某
些字句一有可疑之處，便往往整篇都被判為「不可信據」，那麼
外雜篇很多重要的材料就都將遭到否定了，這對於材料缺乏的
上古文獻研究而言是很不利的。如胡適先生說外雜篇「至少有
十分之九是假造的」，對文獻作出這麼苛刻地判斷，恐怕就是因
為他以「篇章」為考察單位的緣故。

以「段落」作為外雜篇研究的基本單位，一方面既是在排
除有問題的文字雜入於可信據的材料中，造成思想脈絡的混
亂；另一方面也是避免可信的材料被有問題的文句牽累，因而
降低其研究價值。故而以「段落」為單位來檢別，是一種較為
精密的文獻使用方式，它能從「不可盡信」的外雜篇中，盡量
擷取出可信的部分。配合由內篇尋繹而出的理論命題作為根
據，外雜篇的文獻應該便能發揮其作為「莊子研究輔證」最大
限度的作用。

---

71 同前註，頁 20-21。

第貳章

莊子的核心課題——對治心知

　　面對周文疲弊以及諸子交相是非的時代困境，道家哲學在發生機緣的意義上，首先是表現為對流於形式主義之周文的直接批判；[1]而隨著價值崩解的擴大以及對立衝突的愈演愈烈，其思考則進一步深化為對諸子百家存有觀的反省。所以在《老子》中對「禮」的抨擊批判，到了《莊子》則轉而為對各家存有論（即莊子所謂「物論」）的超越。然而，不管是表面的「周文」還是內在的「物論」，在道家看來，它們的產生其實來自一個共同根源——即「心知」。《老子》云：「天下皆知美之為美，斯惡已；皆知善之為善，斯不善已。」（〈二章〉）莊子則曰：「天下每每大亂，罪在於好知。」（〈胠篋〉）兩者皆對心知抱有負面評價。在其認識中，「知」的作用會驅使「心」偏執於特殊的價值角度，而構作出解釋萬物存有意義的「物論」；「物論」一旦形成，則周文禮樂形式便不可避免的將漸次而生。在此觀點下，禮樂制度等表現於外在的形式，根源於物論的價值決定，而物論的價值決定，又奠基於心知的概念封限；因此追本溯源，「心

1　牟宗三先生云：「道家之言『道』，其歷史文化的背景亦是在周文之罷弊，而且開始亦含有憤世疾俗的意味。周文成為虛文，因而只是外在的形式主義。人束縛于形式的桎梏中而不能自適其性，乃是大痛苦。故道家于人生的幸福上，首先要從外在的形式中解脫。他們看文禮只是些外在的形式，足以束縛人者。」《政道與治道》（臺北：臺灣學生書局，1996年），頁32-33。

知」才是一切問題的癥結，要斧底抽薪地解決天下大亂，不能不從「心知」這個問題根源下手。

相較於《老子》直接以「周文」的禮樂形式為批判對象，莊子對於時代亂象有著更深刻的洞見，他領悟到諸子交相是非之現象在存有論層次的根源性，於是其哲學體系中最核心的課題，即表現為對各家存有觀點的超越，也就是對「心知」問題的克服。心知造作之解消，是貫串《莊子》一書的主題，可以說它就是莊子的基源問題，莊子哲學體系裏其他一切思考，皆由「如何對治心知」這一發問衍生而出；這點不論是從理論體系的推演或文本內容的考察都可以獲得印證。因而若要本質地把握莊子思想，顯然必須先從考察心知問題著手，瞭解這個問題的意義，也就根源地掌握住莊學脈絡，可以提綱挈領、條分縷析，而不致迷失於莊子謬悠詭詭的語辭中。

一、「心知」的作用

（一）莊子之「心」的兩面意涵

要探討「心知」問題，首先必須考察「心」之一名的確切意涵，由此才能瞭解它的本質與作用。心的活動受到關注由來已久，孔子曰：「操則存，舍則亡，出入無時，莫知其鄉，惟心之謂與？」(《孟子‧告子上》) 由此觀之，其對於心的意涵似乎已經有一定程度的把握；不過確實將「心」作為道德實踐的根基，儒家則一直要到孟子才在理論上建構完成。而差不多在同一時期，道家也意識到了「心」這個觀念在實踐上的重要意義，

其對於心的本質與作用之體會，有時甚至比儒家更為深刻複雜。以莊子而言，「心」是一個既重要又特別的概念，因為在其思想體系中，它既是實現價值的主體，但同時也是製造問題的根源。他一方面說：「自事其心者，哀樂不易施乎前」（〈人間世〉），把對萬物的真實瞭解繫之於心的感受；另一方面又說：「不以心捐道，不以人助天，是之謂真人」（〈大宗師〉），將心的作用與「道」對立起來，認為它是實現真實生命的阻礙。同一個「心」字，不僅對《莊子》全書而言，甚至只在〈內篇〉中，就表現出兩面截然相反的意涵，這委實教人感到難以捉摸。所以徐復觀先生曾說道：「心，在《莊子》一書中是一個麻煩的問題。」[2]這樣的觀感，透露出心這個概念在莊子思想系統中的複雜程度。

以兩面意義理解「心」這個概念，就唐君毅先生的說法，在中國思想史上即始於莊子。莊子首先將心之觀念分裂為二，而後影響到儒家，才有所謂「人心」、「道心」之區分。唐先生這麼說道：

> 荀子引道經有人心道心之分。宋儒亦用之。而其原蓋始於莊子之言心。心之觀念分為二，孟子無之，墨子無之，莊子始有之。莊子者生於衰亂之世，無往而不見人心之滅裂，莊子亦憂世而心裂之人也。於是心之一名，亦為莊子之所言，所裂為二矣。[3]

---

[2] 徐復觀：《中國人性論史——先秦篇》，頁 379。

[3] 唐君毅：《中國哲學原論——導論篇》（臺北：臺灣學生書局，1993 年），頁 121。

心之觀念一分為二，墨子無之，孟子亦無之，莊子乃首見有此區分者。唐氏認為，莊子生於戰國衰亂之世，無往而不見人心之分裂，甚至其自身亦為憂世而心裂之人，故其言心分為二義，實乃時代精神之反映。而稍後荀子受其影響，於著作中提及道經「人心之危，道心之微」之語，成為儒家區分心為二義的濫觴。此義在儒家或亦另有所承，可惜已無從稽考；故「人心」、「道心」之區分，在儒家最早只能溯至《荀子‧解蔽》之記載。荀子之後，宋儒亦有引自古文《尚書》「人心惟危，道心惟微；惟精惟一，允執厥中」(〈大禹謨〉)之言，而奉之為「十六字心傳」。若此傳承統緒成立，則其區分心為二義便為諸子之最早者。但眾所周知，今傳之古文《尚書》經清代閻若璩考為偽書幾成定讞，「十六字心法」前兩句乃襲取自荀子「人心之危，道心之微」之語，以之為上古文獻所出殊不可信，故「人心／道心」之區分仍應視為晚於莊子之說較恰。

不過雖說莊子將「心」之概念區分為二，但若實際就文本內容觀之，其中表述「心」的語彙卻並未統合，同一義的「心」卻有多種用詞，「師心」、「成心」、「常心」、「靈府」、「靈臺」……等名目紛雜，難以一目了然。以唐君毅先生的歸納，其言「心」大致可分為以下二義：

> 其一為莊子之所貶，另一為莊子之所尚。其所貶者，即吾人世俗之心。齊物論人間世不以師心為然，亦對此義之心而言。於此心，莊子或名之為「人心」、「機心」(天地)、「賊心」(天地)、「成心」(齊物論)、生「心厲」之心(人間世)、「心捐(或作揖)道」之心(大宗師)、「德有心而

心有睫」(列禦寇)之心。其所尚,則為由以「虛」為心
齋(人間世),由「刳心」(天地)、「洒心」(山木)、「解
心之謬」(庚桑楚)、「解心釋神」(在宥)、「心靜……心……
定」(天道)、「無聽之以心」(人間世)、「……齋戒疏瀹而
心,澡雪而精神,无心而不可與謀……」(知北遊)、「心
清……心无所知」(在宥)等「自是其心」(人間世)工夫,
而得之「虛室生白」之心(人間世)或常心、或靈府(德
充符)、靈臺(達生、庚桑楚)之心也。[4]

就此歸納而言,莊子之言「心」大抵不外兩類:一為其對之持
貶抑態度的耽於世俗之「成心」、「機心」,與經由虛心工夫而獲
致,莊子持推崇態度的虛室生白之「常心」、「靈府」,這是莊子
言「心」的兩種基本類型。類似的意見,也見於徐復觀先生的
著作。他洞識到莊子言「心」的兩面性,而對其意義作出較細
密的分析,其言道:

> 莊子是要求人的生活能「與天為徒」,或「入於天」,天
> 是「寂寞無為」的;心知的活動,足以破壞此寂寞無為,
> 所以特須警戒。但是若沒有心知,則賦予於人的寂寞無
> 為的本性,將從何處通竅,而使人能有此自覺?且德既
> 內在於人身之內,則人必須通過心的作用,然後在德與
> 形的相對中,能有對德的自覺;於是德的本性,也不能
> 不是心的本性。否則心便不能從形中超脫出來,以把握
> 形所自來的德。[5]

---

[4] 同前註,頁 121。

[5] 同註 2,頁 382。

依此意，心的活動表現出兩個面相。一方面它既是天真本性的破壞者（知），但另一方面它也是本性在生命中的通竅（自覺）。心知活動固然往往造成德性的斷喪，但若沒有心的自覺，人的生活也無法實現德性。以這樣的理解為基礎，當我們以道家的慣常用法，將心知當作「破壞價值者」的角色看待時，也必須意識到心作為「實現價值者」這方面的意義。否則，將很難解釋莊子修養實踐的主觀依據，而使一切關於「無為」工夫的論述，因無所立基而盡告落空。因為道家無為工夫之作用，本在於廓清心知的偏蔽渣滓，令心的「本性」通竅出來。假若心僅僅作為一個「有所偏蔽的官覺」之義，那麼道德實踐的價值根源不然就是付之闕如，不然就只能如荀子所主張地是外在他律的了。

不管德性是外在他律或是根本就沒有根源，兩種選項都違反了道家的思維邏輯。道家一向以批判周文為其基本態度，認為「失道而後德，失德而後仁，失仁而後義，失義而後禮。夫禮者，忠信之薄而亂之首。」（《老子‧三十八章》）批判周文禮制是道家反省現實的開始，而先驗的道德價值則是問題之終極解答。若是用來對治周文形式主義的「道德」，居然也如同道家理解下的「禮」一般並非根源於心，則在無法實現價值的狀況下，其「無為」的命題很容易淪為虛無主義的主張。由此我們可以意識到，「心」之概念具有複雜的意涵，確實需要進一步辨析，以釐清它在莊子思想系統中的意義和地位。以此為基礎，對「無心」、「無為」等等工夫論之相關概念的正確理解方有可能，而人生哲學、政治思想建構也因此而有其根據。

（二）存在必須藉由心來照現

　　以上述徐復觀先生「心是德性的通竅」之義，道家之「心」顯然不宜輕易地判定為負面意義的官覺，它對生命而言確實有其不可抹滅的意義。人的存在是透過心的活動來展開，而心的活動方式則是「知」。透過對萬物的「知」，主體既開展了世界，同時也證實了自己的存在。若一個人沒有「知」，也就是說心的活動沒有展開，那麼一切的存在都將無法獲得證實。〈大宗師〉中說：「知天之所為，知人之所為者，至矣！」又說：「終其天年而不中道夭者，是知之盛也。」不管是「天之所為」抑或「人之所為」，心都是不可或缺的證實者；缺乏了心知的觀照，「存在」無法在主觀中被「實現」，則生命也不可能至於「終其天年」的圓滿之境。將「存有」之義繫於主觀活動的觀點，儘管與一般常識性的存有觀念有距離，但這卻是中國哲學實踐傳統下之必然型態。方東美先生有段關於中國哲學型態的說明，正好可以作為此義的註解。他說：

> 根據中國哲學的傳統，存有論也同時是價值論，一切萬有存在都具有內在價值，在整個宇宙之中更沒有一物缺乏意義。[6]

　　「存有論也同時是價值論」這句話是關鍵，既然存有論就是價值論，所以「存有」一詞實際上指的就是「事物體現於主觀中的價值」，萬物以其「價值」的型態而成為「存有」，如此則萬物之「有」便不能離開「心」的作用。「心」透過照現萬物價值

---

[6] 方東美：《中國人生哲學》（臺北：黎明文化事業公司，1993 年），頁 94。

而實現其存在，因而它不只是作為生命的「價值通竅」而已，同時還是存在的實現者。這也就是說，心藉由它對萬物的評價作用，[7]使得萬物獲得意義；若沒有心去照現價值，那麼萬物即等同於不存在。這個意思，還可以借用明代心學宗師王陽明一段著名的公案加以說明。《傳習錄》中記道：

> 先生游南鎮，一友指巖中花樹問曰：「天下無心外之物，如此花樹，在深山中自開自落，於我心亦何相關？」先生曰：「你未看此花時，此花與汝心同歸於寂。你來看此花時，則此花顏色一時明白起來。便知此花不在你的心外。」[8]

這是段談論「存在」的重要文字，「天下無心外之物」的「物」字，在此處即作為「存在」之意。對於「存在」這個觀念的理解，弟子認為花樹自存於深山中，即使沒有心去知覺仍會花開花落，可見其自有實在性，而與心之知覺無關，因此「心外無物」之說並不合實情。這說法是一般常識性的觀點，顯而易見是以認識論的意義來理解心的作用：「心」在此意義下只是認識客體對象，而不負責對象的存在，所以即使心無知覺，事物仍應自有其客觀的存在與活動。但陽明顯然不從這個角度理解存

---

7 這裡所說的「評價作用」即是指「判斷力」的作用，其中又可以分為「決定的判斷力」與「反省的判斷力」兩類。依康德的解釋，判斷力是「把特殊者思之為含在普遍者之下」的機能，亦即將先驗理念與直觀經驗加以綜合的活動。在這種活動中，作為特殊者的事物由普遍的理念獲得存有的理序，真、善、美的價值即因而獲得貞定。康德著、牟宗三譯：《判斷力之批判》（臺北：臺灣學生書局，2000 年），上冊，頁 124。

8 陳榮捷：《王陽明傳習錄詳註集評》（臺北：臺灣學生書局，1988 年），頁 332。

在，他接著的解釋馬上將心知的作用導向存有論的，而與萬物的存在關聯起來。他認為未看花時，花與心「同歸於寂」，而看花時，「此花顏色一時明白起來」，這顯然不是在談獨立於心靈外的客體本身，而是在講「主觀境界」中的萬物存在。主觀境界中的「物」離不開心的所知所感，而必為價值意義的「存在」，所以才會說「心外無物」。如此觀點看來雖遠離一般常識，但卻是中國思想理論所採取的傳統角度，傳統上總是習慣將存在與生命活動關連起來說，而不讓「物」之存在成為與生命本身無關的東西。此意味著「物」之存在總是向著主體而開展的，離開心的觀照與體驗，「存在」一語根本毫無意義。「存在」既是指「意義的」存在，那麼就主觀而言也就是呈現為價值的實體，在這樣的意義下，方東美先生也才會有「根據中國哲學的傳統，存有論也同時是價值論」的說法。

在此理路之下，心的「知」已非認識論意義的「認知」，而是存有論意義的「生成」或「實現」；它不只作為一個相對關係中的觀者而認識對象，而更是在一個創生關係中承擔著對象的存在。所以心的「知」，往往含有「生」的意義；對「心」這般的理解，才符合中國思想的傳統觀念。這意思可以用管仲著名的感嘆作例子，管仲曾慨然嘆道：「生我者父母，知我者鮑子也！」(《史記・管晏列傳》) 此言以語法規則來看，將「知」與「生」並比而言，已暗示著兩觀念間具有類比的關係。更進一步說，細審管仲言下之意，乃以鮑子之德可與生身之父母並比，其顯然以鮑子之「知我」為同於「生我」之德，只不過這種「生」是另外一種意義下的生成罷了。《老子》說：「以身觀身，以家

觀家，以鄉觀鄉，以國觀國，以天下觀天下。」（〈五十四章〉）
王弼注云：「以天下百姓心觀天下之道也。天下之道，逆順吉凶，
亦皆如人之道也。此，上之所云也。言吾何以得知天下乎，察
己以知之，不求於外也。所謂不出戶以知天下者也。」從「察
己以知之，不求於外也」[9]這樣的解釋，可以知道被觀的對象不
離於心，因而老子所說的「觀」，其實也是心的實現作用。此外
儒家典籍《中庸》裡亦有言：「不誠無物」，「誠」即指心的實踐
活動；若不誠，便不能實現物之存在。[10]由此可見物之「有」、
「無」，關聯於心的作用，「存在」是對於心而言的存在。心若
沒有肯定或觀照的活動，不但萬物的存在將無以寄託，即使是
主體自身也無法獲得證實和肯定，那麼更遑論超越玄遠的
「道」。莊子云：「孰知不言之辯，不道之道？若有能知，此之
謂天府。注焉而不滿，酌焉而不竭，而不知其所由來，此之謂
葆光。」對不言之辯、不道之道的把握仍然要透過「知」，所以
主體若要自覺、要實現萬物之存在，心的「知」乃是一不可捨
離的憑藉。

（三）「生」是整體的談生命

要討論心知，不能不提到與它緊密相連的「生」這個概念。
莊子哲學最為世人所識的面貌，是以「全生保真」為主題的「養
生」之學。《史記・老子韓非列傳》說莊子「其言洸洋自恣以適
己」，全篇又僅徵引「楚王聘相」之寓言，以其中犧牛孤豚之喻
以表現其思想，可知史遷是以「適己全生」為莊子所務。漢代

9　王弼：《老子注》，《老子四種》，頁 47。
10　楊祖漢：《中庸義理疏解》（臺北：鵝湖出版社，2002 年），頁 216。

班嗣則謂：「若夫嚴子（即莊子）者，絕聖棄智，修生保真，清虛澹泊，歸之自然，獨師友造化，而不為世俗所役者也。漁釣於一壑，則萬物不奸其志；栖遲於一丘，則天下不易其樂。」（《漢書・敘傳》）此亦以「修生保真」言莊，可見「養生」之旨固為世人之所識。勞思光先生說：「莊子則明言『養生』之義，而有『養生主』一篇。且在內外各篇中反覆發揮此義。」[11]就《莊子》文本而論，以「養生」二字界定莊學主旨儘管稍嫌偏狹，但至少可以從中瞭解到，莊子的關懷，很重要的部分是在於「對圓滿生命的實現」上面。這一點，由〈養生主〉篇的破題就可以明顯看出：

> 為善无近名，為惡无近刑，緣督以為經，可以保身，可以全生，可以養親，可以盡年。

「緣督以為經」這句對養生工夫的總括性表述，所要指向之作用就在於「保身」、「全生」、「養親」與「盡年」，故此四者就是「養生」的實際內容。「保身」是保守身形，[12]「全生」是保全天性，[13]「養親」是存養受生始氣，[14]「盡年」是終其天年。[15]其

---

[11] 勞思光：《新編中國哲學史（一）》（臺北：三民書局，1995 年），頁 211。

[12] 《莊子・養生主》成玄英疏。郭慶藩：《莊子集釋》，第 1 冊，頁 117。

[13] 陳鼓應：《莊子今註今譯》，上冊，頁 104。

[14] 陳壽昌：《南華真經正義・內篇》（臺北：新天地書局，1972 年），頁 23。關於「養親」二字之義，學界向無定說。較早有明確解釋的是成玄英「孝養父母」的疏釋，傳統的解釋多以此義解之。但此說法似與前後文無關，且亦不類道家思想。黃錦鋐先生即認為以「孝養父母」解之，是「出於儒家口吻，和莊子思想不合。」故歷來嘗試疏通「親」字之義者不在少數，有以為應作「精神」解者，亦有以為當作「身」解者，亦有以「真君」之義解之者，諸解皆有其合理之處，難論對錯。本文度此句上下文皆涵「盡其所受乎天」之意，故取陳壽昌「受生始氣」之說作解，以此亦合於〈人

中「保全天性」屬於德性的修養，求則得之，舍則失之，這是
「求在我者也」(《孟子‧盡心上》)。[16]但其他如形軀的保護、天
年的終盡等，則不屬於此類；以孟子的觀點，這些東西「求之
有道，得之有命」，是屬於「求在外者也」，是外在的幸福。[17]依
此而言，「養生」的要求包含著「主體德性」與「外在幸福」兩
面的作用，其完成顯然須達至德福一致的圓滿才算數。因而在
此意義下所言的「生」，就不只限於「全生」一事所要保全的「天
性」意義，而是兼攝著「德」與「福」的統一概念。

　　莊子論及生命的目的時，在「實現德性」的意思之外，往
往兼具有「保養形軀生命」的意涵，「德」與「形」對其而言並
非是「二者不可得兼」的抉擇，而是必須同時實現的整體。舉
個例子來說，〈人間世〉談到顏回之衛勸諫衛君之事時，其中顏
回與孔子的對話，就表露了莊子對於形軀生命的關注。其文云：

間世〉「聽之以氣」之修養，或者較能貼近莊子之意。

15　鍾泰：《莊子發微》，頁 66。

16　當然，此處引述孟子這段話，只在指出德性的實現是基於自由的，這並不
　　意謂道家的「德」可以作為一「目的」而直接「求」之。道之「德」的
　　實現，仍必是透過「不禁不塞」的無為工夫來達致。

17　此處「幸福」一詞採康德第二批判中的用法，是指向個體之「存在」方面
　　的完滿，而關涉於「物理之自然」的世界。《實踐理性底批判》云：「幸福
　　是世界中這樣一個理性存有之狀態，即在此理性存有身上，每一東西皆依
　　照他的願望與意志而進行……；因此，幸福是基於『物理的自然與此理性
　　存有底全部目的並亦同樣與此理性存有底意志之本質的（基要的）決定原
　　則之相諧和』上的。」又說：「一個理性的存有所有的那『不間斷地伴同著
　　他的全部存在』的生命底愉悅（適意愉快）之意識便是幸福。」牟宗三譯：
　　《康德的道德哲學》（臺北：臺灣學生書局，2000 年），頁 372、153-154。

> 顏回見仲尼,請行。曰:「奚之?」曰:「將之衛。」曰:
> 「奚為焉?」曰:「回聞衛君,其年壯,其行獨。輕用其
> 國,而不見其過。輕用民死,死者以國量乎澤若蕉,民
> 其無如矣!回嘗聞之夫子曰:『治國去之,亂國就之,醫
> 門多疾。』願以所聞思其則,庶幾其國有瘳乎!」仲尼
> 曰:「譆,若殆往而刑耳!」

顏淵想去勸諫輕用其國的衛君,以圖拯救百姓;這展現了德行
實踐的自我要求。可是孔子一聽到這個計畫,第一個反應就是
說出「若殆往而刑耳」的話,這點是值得深加玩味的。若仔細
想想,可以發現這句話的關心所在,顯然包含顏淵的形軀性命,
而非僅在德行實踐,這是必須特別注意之處。隨後,孔子便提
出他的顧慮,而說道:

> 若殆以不信厚言,必死於暴人之前矣!且昔者桀殺關龍
> 逢,紂殺王子比干,是皆修其身以下傴拊人之民,以下
> 拂其上者也,故其君因其修以擠之。是好名者也。(〈人
> 間世〉)

這裡比較清楚了,仲尼是擔心他「死於暴人之前」,這是前面「若
殆往而刑耳」中「刑」字的主要指涉。即使是暴君,也無不希
好聲名;[18]顏回以還未受信任的處境,在好名之君跟前大談仁
義、自表清高,必然受到暴人的嫉恨而死於其手。如此則救民
的事業未成,而性命已喪,這是不符合養生之旨的。從這裡來

---

[18] 郭注:「不欲令臣有勝君之名也。」成玄英疏:「夏桀殷紂,無道之君,自
不揣量,猶貪令譽,故因賢臣之修飾,肆其鴆毒而陷之。意在爭名逐利,
遂至於此故也。」同註12,頁140。

看，生命目的之實現，不能離開形軀的保全，「養生」就作用來看，是應該涵蓋著氣性生命的。

《莊子》中有許多處都顧及了形軀生命的保養，譬如以〈人間世〉而言，篇中幾乎沒有一則寓言是例外。如「葉公子高將使於齊」章裡，葉公子高請教仲尼「人道之患」與「陰陽之患」的兩難問題；「顏闔將傅衛靈公大子」章，顏闔在「危吾國」與「危吾身」的抉擇；「匠石之齊」與「南伯子綦游乎商之丘」兩章，對於「不終其天年而中道夭」者的批評；「支離疏」章對他「養其身，終其天年」的描述；「孔子適楚」章，楚狂接輿提及「方今之時，僅免刑焉」的看法等。以上諸則，顯然不只關懷德性生命的實現，且亦涉及保養形軀生命的要求。以此為據，我們不能不承認「保身」的確是包含在「養生」的目的中。

所以作為「養生」一詞所意指的「生」，其意義除了「德」這面的意義以外，並不排除屬於「形」的這部分；即使如「保身」、「養親」、「盡年」這類會牽涉到存在界的要求，在莊子都一齊放到「生命」的概念中作整體性的考量。如此而言的「生命」，就是一通貫內外、德福一致的整體；只要能「緣督以為經」，不管是求在我的「全生」，或是求在外的「保身」、「養親」、「盡年」，都可以獲得成全。生命意義的充分實現在此是德福統一的「圓滿」，而非委屈其中任何一面的求全，其中沒有「德」與「形」的對立分裂，因而方能夠解消顏闔「危吾國／危吾身」之類的兩難抉擇，而至於「幾乎全」之境。

二、生命價值的實現

（一）形骸之內與形骸之外

假使「生」真的是包含著「德」與「福」的統一概念，那麼對「養生」的目的而言，理當不能排除對其中任一方面的涵蓋，不管是形軀、天性或者是年壽，對生命來說都是不可割捨的一部分。儘管如此，在《莊子》中我們卻屢屢見到一種提法，似乎強調精神生命之重要性甚於形軀生命，認為「德」比「形」更有價值。所以在書中道家的代言人物往往以殘缺的形象出現，並且還反覆申述著「尊德忘形」這一類的主張。在這方面最集中的表現，莫過於〈德充符〉篇的各章寓言，譬如：

1. 死生亦大矣，而不得與之變；雖天地覆墜，亦將不與之遺。……且不知耳目之所宜，而遊心乎德之和；物視其所一而不見其所喪，視喪其足猶遺土也。

2. 人以其全足笑吾不全足者眾矣，我怫然而怒；而適先生之所，則廢然而反。不知先生之洗我以善邪？吾與夫子游十九年矣，而未嘗知吾兀者也。今子與我游於形骸之內，而子索我於形骸之外，不亦過乎！

3. 吾唯不知務而輕用吾身，吾是以無足。今吾來也，猶有尊足者存，吾是以務全之也。

4. 所愛其母者，非愛其形也，愛使其形者也。戰而死者，其人之葬也不翣資；刖者之屨，無為愛之。皆無其本矣。

第一則，是假借孔子之口表王駘之德，說他不隨死生而變、不知耳目之所宜、視喪其足猶遺土，而只「遊心乎德之和」。第二則，是申徒嘉自述，表明其「游於形骸之內」的價值取向，並且發出「索我於形骸之外，不亦過乎」的抗議。第三則，叔山無趾講得很直截了當，「猶有尊足者存，吾是以務全之也」，顯然其所欲務全者乃是德而不是形。而第四則，則透過仲尼申說「非愛其形也，愛使其形者也」的選擇；指出戰死者不翣資、刖者無愛履的原因乃在於「無其本矣」，這個「本」看得出來指的還是德。綜合以上四則引文的內容，可看出它們似乎皆涵有同一旨趣，就是想表明「德尊乎形」的道理。以莊子的意思，似乎認為德是本、形是末，故當然須游於形骸之內，而不能讓心隨死生而變。在此他對形骸的關注，似乎遠遠不及於德性，所以他又說：

> 故德有所長而形有所忘，人不忘其所忘，而忘其所不忘，
> 此所謂誠忘。（〈德充符〉）

「誠忘」就是忘了真正該關心的東西，那什麼是真正該關心的呢？在此很明白就是意指「德」。一個人德有所長，則人們對其外表形貌的關注便會減低，甚至到忘記的地步。形貌可以忽視而德性卻不容遺忘，這說法豈非意味著德性生命重於形軀生命！果真如此，則本文前面所斷言「養生乃是對德福一致的圓善之追求」的說法就必須再加商權了。

莊子賦予道家代表人物以殘缺形象這樣的事實，對於前文認為「生命」應涵括「德」與「形」兩方面之看法造成絕大的挑戰。若不能回應此問題，則便不能不承認德性生命重於感性

生命，或甚至直接否定感性生命的價值；那麼道家養生的作用
就只能限制在精神層次的給養了。本文認為這樣的理解是不周
全的。只有精神層次的給養，意指其作用僅侷限於主觀的心境
裡，不能及於客觀的實在界。若道的作用不能從主觀世界中透
出來，而及於客觀的氣化世界，則不但「保身」意義的養生不
能談，就連行走人間而勝物不傷的「兩行之道」也無根據得以
存在，那麼更遑論實現「化貸萬物」的明王之治了。莊子思想
是一套從內聖到外王的哲學，假使其道不能及於客觀的實有世
界，難道「外王」終究只能是主觀中的「價值轉化」嗎？要怎
麼將這樣的應世之道與自我勝利法的「阿Q精神」作出區別呢？
假使我們肯定〈應帝王〉的外王思想也算是一套「政治上」的
理念，則歸其本，作為實現政治的客觀基礎——「身」，似乎也
應該獲得肯定才是。

這樣的持論，其根據除了之前討論過的〈養生主〉、〈齊物
論〉中幾段文字以外，還立基於一種多次出現於《莊》書中的
說法。其說意指著修養至於極點的真人，有能力與天地萬物達
成存在上的和諧，而不為外物所傷。我們現將這些說法列舉於
下：

1.　藐姑射之山，有神人居焉，……之人也，物莫之傷，
　　大浸稽天而不溺，大旱金石流、土山焦而不熱。(〈逍
　　遙遊〉)

2.　至人神矣！大澤焚而不能熱，河漢沍而不能寒，疾
　　雷破山、飄風振海而不能驚。(〈齊物論〉)

3.　若然者，登高不慄，入水不濡，入火不熱。(〈大宗
　　師〉)

4.　至德者，火弗能熱，水弗能溺，寒暑弗能害，禽獸
　　弗能賊。(〈秋水〉)

5.　至人潛行不窒，蹈火不熱，行乎萬物之上而不慄。
　　(〈達生〉)

6.　其神經乎大山而無介，入乎淵泉而不濡，處卑細而
　　不憊。(〈田子方〉)

這幾則描述含有共同的意指，都認為生命修養到至人、真人的
層次，便有能力不受外物的傷害。這樣理解，是認為至人修養
所起的作用，能夠不止於主觀境界中，並且能及於客觀的實有
世界，以達成物我的和諧。當然在此，我們不會忽略以郭注為
代表的另一路解釋。郭象對此的看法是：「夫安於所傷，則傷不
能傷。」[19]認為至人實際上還是會受外物所傷，只是其德行修養
能夠安於所傷，因此傷害不入於心，故不算是真正的傷害。如
此說法是從主觀這一面的意義談，將「真正的傷」限制在只能
就「精神層面」的意義上說，形軀的傷相對之下算不上什麼傷
害。於是「火弗能熱，水弗能溺，寒暑弗能害，禽獸弗能賊」
之類看來相當具體的描述，都只能當作象徵或譬喻的意義來看
待，而不能太認真。雖然就工夫而言，這也不算違背莊子理路，
〈養生主〉即有言：「安時而處順，哀樂不能入也」，講的就是
安於所處則能使心不受哀樂所侵。但是上列諸引文中的某些描

19　《莊子‧逍遙遊》注。同註 12，頁 32。

述，若逕以「傷不能傷」來詮釋，在意義上似乎並不諦當。譬如拿「潛行不窒」、「蹈火不熱」、「寒暑弗能害」、「禽獸弗能賊」之類的說法，跟「登高不慄」、「飄風振海而不能驚」、「行乎萬物之上而不慄」等語句相比較，前者所言「不窒」、「不熱」乃是客觀的實然，後者「不慄」、「不驚」則指向主觀的心境或態度，兩者在意義上還是有所區別的。更嚴格些來說，一、二、四則引文講的是至人不受外來水火災禍的傷害，這還可以說是「安於所傷，則傷不能傷」；但三、五、六則敘述的卻是至人主動去登高處卑、蹈火入水而不受傷害，這已然不是「安於傷」的被動安命，而是主動地去創造物我之和諧了。這種主動與物相諧的實踐，怎麼看都不像是「知其不可奈何而安之若命」（〈人間世〉）的主觀作用，而比較具有客觀上的意涵；故若對此不加細辨，而一概視為主觀心境「安於所傷」的「象徵」，那麼這種詮釋實在令人感到不安。

關於這個問題的解決，我們在《老子》中找到了重要的依據。〈五十五章〉中有段話提到：

> 含德之厚，比於赤子。蜂蠆虺蛇不螫，猛獸不據，攫鳥不博。

這段話的意思簡單來說就是：只要能修德如赤子之厚，則其身將不為毒物禽獸所傷。看得出來，此言的旨趣與上引《莊子》的幾則文句是一致的。王弼對此注道：

> 赤子無求無欲，不犯眾物，故毒螫之物無犯於人也。含
> 德之厚者，不犯於物，故無物以損其全也。[20]

若我們對「含德之厚者，不犯於物」這個說法深加參究，便可以發現其中隱含著一個意思：人與萬物的存有法則間有著某種協調性。只有基於這個可能，才能夠即便不考慮「如何不犯眾物」，而只須講究「是否含德之厚」（是否確實體現內在法則），也能真的無犯於物而身得保全。從「德之厚」可以推導出「不犯物」，顯然「德」的內容裡早已涵具萬物的存在性態，知道蜂蠆虺蛇如何才不螫、猛獸如何才不據。因此依自我德性而行，就等於是順萬物之道，順萬物之道，則能避免為萬物所傷。可以看出，在老子這樣的理解中，「德」與「身」兩方面的保全是統一的，德若具備，身亦得全。

在莊子這邊也是一樣，上引的那六則文句共同指向一個意思，即：至人之養生，在德與形兩方是兼全的，而非僅偏重德性一面。當一個人修養到至德之境，不僅在精神上具有「乘雲氣，御飛龍，而遊乎四海之外」的逍遙，即使在形軀方面也有「物莫之傷」的作用。所以回過頭來看，就「養生」的目的而言，並不能太快斷言莊子認為「形骸之外」是沒有價值的。

（二）「德」與「形」的一體實現

儘管《莊子》文本中有不少證據支持「養生必須兼顧德、形方面」這樣的主張，但我們還是必須對〈德充符〉裡頭，申徒嘉「今子與我游於形骸之內，而子索我於形骸之外，不亦過

---

[20] 同註9，頁48。

乎」的說法作出解釋。申徒嘉的言論明白指出：伯昏無人門下所重視的，乃在於形骸之內（德），而非在形骸之外；這顯然也就是莊子的態度。將之對照於前述之圓善意義的「養生」概念，兩條理路間似乎有所矛盾。為何一邊顯出要兼顧德、福的姿態，而另一邊卻僅要求「游於形骸之內」呢？這問題要解決，我們認為必須回到「實踐方法」或工夫論的角度上來思考；若不從道家「實現原理」的特殊性格來考慮「養生」的方法，則對於申徒嘉「游於形骸之內」的主張必然難以理解。

養生的實踐，在莊子是從「對治心知」談起的。「心知」向來是他反省生命問題時的主要對象，它分別、執著的作用，往往令生命主體深陷於難以突破的困局中。所以在〈養生主〉裡面，莊子藉由文惠君「吾聞庖丁之言，得養生焉」的肯定，點出了養生之道主要課題在於對治心知。「庖丁解牛」一文中，庖丁有言道：

> 始臣之解牛之時，所見無非全牛者。三年之後，未嘗見全牛也。方今之時，臣以神遇，而不以目視，官知止而神欲行。

在這裡，牛身象徵著人間世界，而刀刃則是我們的心；[21]解牛的過程，就是心對於人間世的「通過」，而這也是生命內容的開展活動。養生之士所當「解」者，就在人間世中無數的矛盾困結，要讓心在關節隙縫間遊刃有餘而不受傷損。就庖丁的自述看來，牛能不能迎刃而解，關鍵就在於「心知」的處理上。他指

---

21 王邦雄：《莊子道》（臺北：漢藝色研文化事業有限公司，1993 年），頁 99。

出一開始解牛的茫無頭緒，問題在於「所見無非全牛」；三年後進步了，是因為「未嘗見全牛」；而最後境界的達致，則是因為他「以神遇而不以目視」、「官知止而神欲行」。綜合這三個階段來看，要安然通過牛身中各個關節，「如何見牛」是主要的問題所在。「所見無非全牛」是用感官去見，「未嘗見全牛」是用心知去見。這兩種見都是不能看穿真相的妄見，以此妄見為引導來解牛，刀刃折損是無法避免之事。故而庖丁最後階段的解牛，必須擺脫妄見的干擾，而達到「以神遇而不以目視」、「官知止而神欲行」的境界。這樣的境界不是以耳目感官或心知去見，而是用真知去見。「真知」是對感官和心知的超越，它擺脫了成心的限制，不執著於概念或標準，而讓直觀去照現對象的本質，由此才有可能「依乎天理」、「因其固然」。

在莊子的理解中，生命受傷害的原因，乃在於心與人間世的對立。對立則有衝突，衝突則必損傷。透過庖丁對庖人的分判，他寓言式地點出這個道理：

> 良庖歲更刀，割也；族庖月更刀，折（斫）也。今臣之刀十九年矣，所解數千牛矣，而刀刃若新發於硎。

一般的廚子（族庖）不分青紅皂白用刀砍劈，刀刃容易中骨而挫折，所以一個月就得換一把刀。好一點的廚子則避開骨頭而只用刀割肉，刀刃便較少磨損，故只需一年換一次刀。以此譬喻觀之，生命乃斲傷於衝突，而保全於順應。順應牛骨架構而運刀，牛易解而刃少損，這是保身全生的基本原則。不過要做到完全的順應對象、因其固然，到達「技經肯綮之未嘗」的地步，光靠「小心閃避骨頭」這樣的經驗性準則是不夠的。每頭

牛大小形狀不一，筋骨脈絡各有所異，任憑我們經驗再怎麼老到、態度再怎麼謹慎，也不可能盡知每頭牛的細節，而在運刀時加以閃避；所以即使是良庖割肉，也須每歲更刀。要像庖丁一樣解牛十九年而「刀刃若新發於硎」，則運刀必須得能「依乎天理」——依超越經驗的天理而行，而要做到這一點，令「官知止而神欲行」乃是必然的條件。

刀刃的不折損，乃因刀刃未經肯綮；而刀刃之所以未經肯綮，則是因為運刀依乎天理；運刀有可能依乎天理，又是因為官知作用之止息。追本溯源，解牛而不傷，訣竅就在「以神遇而不以目視，官知止而神欲行」這兩句話上。以此而言，「心知」的對治，即是達致「解牛不損刃」的實踐工夫。所以庖丁說：「彼節者有間，而刀刃者無厚；以無厚入有間，恢恢乎其於游刃必有餘地矣。」意思是要使刀通過骨節的間隙，前提在於刃的「無厚」，以無厚入有間，則刀刃自能打開廣大的揮灑空間。若將骨節看成生命中種種困結和關卡的象徵，則這裡所言刃的「無厚」，顯然是寓指著心的「無為」；「無為」既為刀覓著行進時所依循的「天理」，也為它開創游刃的逍遙空間。所以解牛的極致之境，不能不從「官知」下工夫。

要保全刀，重點在於維持刃上的無厚；同樣的，要保養生命，關鍵也在於心知的無為（這裡我們將刀理解為對「生命」的譬喻，而將刃作為「心」的象徵）。雖然養生的作用涵蓋了德與福（或是說德與形）兩方面，但在實踐「養生」的過程中，關鍵在於心，工夫只針對心知而做。所以儘管「保身」也是養生的目的之一，但莊子通篇所提及的修養方法，無不緊扣在「對

治心知的蕩越」上。所以「遊於形骸之內」的主張，應當認為是就「工夫」的意義言，而非意指形骸或形骸之外毫無價值。「視喪其足猶遺土也」的說法，也並非不重視形軀的意思，而是一種「安時處順」的安命態度；這與其說是否定形軀的態度，不如說是一種「遣執」的修心工夫。這個意思可以《老子》的說法作為支持，其言道：

> 天長地久。天地所以能長且久者，以其不自生，故能長
> 生。是以聖人後其身而身先，外其身而身存。非以其無
> 私耶？故能成其私。(〈七章〉)

天地之所以能長久，聖人之所以能長生，關鍵都在於他們「不自生」。因此「後其身」、「外其身」的說法，不是對「身」作出價值的否定，而是「作用的保存」。面對「上德不德」(《老子·三十八章》) 的說法，我們不會認為這是老子在否定德性，而會將之解作「不執著道德的名相，才能體現出真正的道德」。同樣的，聖人的「外其身」也不該解為對形軀生命的否定，而應是透過消解對形軀的執著，以達致「終其天年而不中道夭」的實現。以這樣的理路來解讀《莊子》，申徒嘉「子索我於形骸之外，不亦過乎」的講法，應當視為一種「作用的保存」之表述語，乃是藉由對形軀執著的遮撥，來成全整體生命（包含了德性與形軀）之價值。「不亦過乎」的質問，事實上不是針對「形骸之外」，而應是「『索我於』形骸之外」。對形軀幸福的「索求」，在道家眼中是心知的執著，不但未必保證幸福的獲得，反而常常破壞生命的平衡與和諧。老子說：「禍兮福之所倚，福兮禍之所伏。孰知其極？其無正。」禍福的界線是心知所無法把握的

超越對象,硬要抓出個定準而去追索,直是揠苗助長,結果往往適得其反。所以莊子反對索求形骸之外,未必意在於否定形骸的價值,而很可能只是認為其不宜「索求」而已。

在〈達生〉篇裡,莊子就曾透過兩個養生不當的例子,來闡述「索求」的無用:

> 魯有單豹者,巖居而水飲,不與民共利,行年七十而猶
> 有嬰兒之色,不幸遇餓虎,餓虎殺而食之。有張毅者,
> 高門縣薄,無不走也,行年四十而有內熱之病以死。豹
> 養其內而虎食其外,毅養其外而病攻其內。此二子者,
> 皆不鞭其後者也。

豹養其內而虎食其外,毅養其外而病攻其內,正證明了禍福之極不可知的道理。不可知而卻強欲為之,田開之批評他們是「不鞭其後者」。所謂「後者」,田開之自己的說法是:「善養生者,若牧羊然,視其後者而鞭之。」(〈達生〉)王船山對此有極為精闢的見解:

> 夫人性之所近,情之所安,剛柔靜躁各有所偏繫,雖迫
> 欲棄世以復精,必有一難忘之情牽曳不舍,一念不息,
> 眾妄終莫能止,此後者也。[22]

以他的說法,所謂「後者」,就是牽曳不捨的難忘之情。它像遺落在整隊羊群後面的落單羊隻,總不能緊隨著整體生命的步調而行,往往事後仍駐足徘徊,流連忘返。所以善於養生的人,必須注意這種流連不前的情感,鞭之使趨前。「後者」既起源於

---

[22] 王夫之:《莊子解》,頁159。

人性之所近、情之所安、剛柔靜躁所偏繫，可知這其實就是「成心」所致的情識執著。心知偏執內外之務而逐之，生命便丟失了自然、走離了天理，同時也破壞大道透過德性而賦予萬物的一體和諧。所以決定一個自以為「福」的目標而戮力追求，對「養生」目的之實現不但無用，反而可能有害。假若實踐只是「鞭其後者」（消解心知執著），生命自必緣督以為經，則單豹不會耽於養內、張毅也不致著於逐外，那麼養生也就不會反而變成傷生了。

〈在宥〉中說：「無視無聽，抱神以靜，形將自正。……。目無所見，耳無所聞，心無所知，女（汝）神將守形，形乃長生。」正形長生之道，不在於有意識、有目的地經營，相反的，乃是要放下一切的企望與追索，讓天地之氣化回歸自然，實現其超越的合目的性。形之所以能正，乃是「自正」；無視無聽之後，「神」自然能守形，讓形之所受回歸於正分。生命如此的自正其分，就是道家意義的「長生」。看得出來，這養生之道只基於心知的「消解」工夫，而再無其他營生之術。「心無所知」則「神將守形」，這便已是實現「長生」的充分條件。在如此的意義下，養生雖無須索於形骸之外，但形骸之外自然能得保全。因此工夫即使只對養神而說，亦不違其「作用兼涵德福兩面」之義。

三、道家對心知的批判態度

（一）「德」與「知」對於生命的作用

之前我們不斷提及「養生」應包含德性與形軀兩方面的「養」，並認為形軀的幸福不宜作為追索的對象，否則反而會障礙其實現。這樣的說法是否意味著相對於形軀的「德性」就可以立為目標追求呢？答案是否定的。實踐上之所以特地將「形軀」標舉為主觀中必須掃除的對象，是因為心知的虛妄分別必須以形軀執著為根，由此方可確立「彼是相待」架構在現象界中的實在性。所以〈齊物論〉對此特加警戒，其言道：

> 一受其成形，不亡以待盡。與物相刃相靡，其行盡如馳，而莫之能止，不亦悲乎！終身役役而不見其成功，苶然疲役而不知其所歸，可不哀邪！人謂之不死，奚益！其形化，其心與之然，可不謂大哀乎？人之生也，固若是芒乎？其我獨芒，而人亦有不芒者乎？

「一受其成形，不亡以待盡」就生彼是之分，由此便有所謂相刃相靡；「其形化，其心與之然」便有死生之別，因而難免人生之大哀。然而不管彼是之分抑或死生之別，這些心知分別的背後，都必須以「形」作為基礎。心知執著現象世界裡的存在──形軀，將之當作真正的「自我」，以之為終極的根據，才能對事物發出價值判斷。換言之，形軀之「我」是經驗世界裡的價值核心，一切經驗上的判斷，都必須憑藉形軀以為起點；而這種以形軀自我作為根據的判斷活動，也就是所謂的「成心」。莊子說：

> 夫隨其成心而師之，誰獨且無師乎？奚必知代，而心自
> 取者有之，愚者與有焉。未成乎心而有是非，是今日適
> 越而昔至也，是以無有為有。(〈齊物論〉)

成心是伴隨著形軀執著而存在，而善惡美醜的判斷則又伴隨著成心而產生；成心對活在現象界中的人而言是無處不在，因此善惡美醜的分別在其生命裡也變成無處不在。所以當主體愈發地追求形軀生命時，也就同時更深深地陷入相對的現象界中。陷入現象世界，意謂主體看不見「真實」世界（自然），而將心知造作的對待架構信以為真；這種信以為真，就讓主體無法走上真實的道路、活出真實的生命。用道家的話說，就是生命離開了自然、走離了德性。

所以道家反對以「形軀」作為追求的目標，並就不等於贊同將「德性」立為價值標的，這不能憑「二選一」的簡單邏輯來解決。會以形軀作為價值根據而追求之，毛病是出在人們將「相待而成的現象世界」當真，而彼是相待的理解架構又是心知所造作，因此歸根究柢，追求形軀幸福的行為乃是來自於心知的分別與執著，是心知造作的「現象」障蔽了萬物真實樣貌，也障蔽了自我內在的真實本質——「德性」。故而反對追逐形軀，不是否定「形軀」本身，而是不承認「形軀」等同於「自我」，其用意在於對治心知的造作。能放開形軀，對現象的執著就容易解消，此時德性便自然地能夠實現。如果不弄清其中關連，一股腦兒地便將「德性」替換上來作為追求的目標；那麼，由於「德性」屬於超越的對象，在心知無法把握它的狀況下，又要強求其實現於具體生命中，心知便很容易將現象界的經驗

內容塞入以「德性」為名的理念框架中，而再度扭曲生命的真實，這正是明儒所深為警戒的「把捉光景」之毛病。[23]這樣不但不能實現德性，反而更是造作，會讓生命陷入更深的執著泥淖中。

以道家的立場，基本上並不贊成對「德性」的內容正面作出表述，因為道家思想的核心觀念──「無為」，反對在道德內涵方面有任何的決定。「無為」的意義是不造作，它反對任何有意施為的動作。因為一有造作就不自然、不自在，就是虛偽；這包括了將「德性」作為對象，而欲加以定義的行為。道家反對虛偽，主張將這類造作通通化掉。不過必須釐清的是，化掉人為造作並不就等於連帶地否定道德，事實上，這樣做正是為了讓真實的德性顯現出來。牟宗三先生曾指出，講「無為」就函著講「自然」，[24]這是理解道家思想一個很重要的關鍵。要反對造作，如果不以「自然」的實現為前提，那麼「無為」就成了一種虛無主義的主張，這是不能符合道家文獻所展現之義理脈絡的。所以老子說：

> 道常無為，而無不為。侯王若能守之，萬物將自化。(《老子・三十七章》)

---

23 牟宗三先生云：「良知自須在日用間流行，但若無真切工夫以支持之，則此流行只是一種光景，此是光景之廣義；而若不能使良知真實地具體地流行于日用之間，而只懸空地去描畫它如何如何，則良知本身亦成了光景，此是光景之狹義。」牟宗三：《從陸象山到劉蕺山》(臺北：臺灣學生書局，2000年)，頁287。

24 牟宗三：《中國哲學十九講》，頁90。

道家的「道」是透過「無為」以表現「無不為」的，所以「無為」不是目的，而只能視為手段。透過無為化掉人為之「偽」，自然之力便能為其所當為，而至於無有不為。在具體的運用方面，侯王只要能守住無為、不干涉的尊重原則，就能夠令萬物自生自化，即自我實現其存在，這對萬物而言也是最好的歸宿。莊子的看法也類似於此，其有言曰：

> 瞻彼闋者，虛室生白，吉祥止止。(〈人間世〉)

空虛的房間方能容納光明（白），吉祥僅能歸止於虛空之處，其所云之光明與吉祥，都是因為「自然」才成立價值。因為是自然而生，所實現者方稱得上是「吉祥」，若是人為所造作，則其事未必能當其至分，恐怕莊子也不會稱之為「吉祥」了。所以道家「無為」的背後，總是蘊含著「自然」作為前提；在「自然」作為必然的動力之下，萬物方可能自成其是，談無為的消解工夫也才有意義。否則若「無為」的用意單只在於否定人為施設，那麼除了人文價值的破壞以外，再也不能提供什麼了。

　　「自然」就字面意思而言是「自己如此」，在道家語彙的用法上，除了意指事物無所倚靠、自由自在的「呈現」之外，也常常用以指稱此種「呈現」的內在根據——即是指內在於事物之中，而能使事物實現其存在的「德」或「性」。所以王弼說：「萬物以自然為性」，[25]意謂萬物的「自我呈現」即為其本質。必須注意的是，此「自我呈現」乃強調其「不受外力影響」的意涵，即郭象所云「自然者，不為而自然者也」[26]之意。「自然」

---

[25] 《老子・二十九章》注。同註9，頁26。
[26] 《莊子・逍遙遊》注。同註12，頁20。

就是事物根據內在本具的力量和方向而活動，不受他物影響，故而它不能是在現象界中的「呈現」。現象界是由因果網絡所接駁起來的世界，其中一切存在都是依待於條件的、都是待他而然，於是不能不受到外力的牽扯，那便不是「不為而自然者」。[27]所以「自然」作為事物的存有根據，一來它既是內在的（根據內在於事物自身），二來又是超越的（不能作為現象來認識）；於是它儘管具有被主體把握的可能性，但卻絕不是透過「心知」的認識能力來辦到的。

　　然而，「不能被心知追尋」即意味其無法作為「目的」而被追求（因為「目的」在思維中必須是「概念」的形式），那要如何使之實現呢？道家對於體現「自然」相當易簡也是唯一的方法，就是「無為」——只須實踐「無為」，「自然」就能被體現。因為「自然」本身具有活動性，能夠自我實現，只要外力不加干預，真實必然在事物中顯發。所以王弼在注《老子》「生而不有，為而不恃，長而不宰，是謂玄德」句時，有這麼一段看法：

> 不塞其原，則物自生，何功之有？不禁其性，則物自濟，何為之恃？物自長足，不吾宰成，有德無主，非玄而何？凡言玄德，皆有德而不知其主，出乎幽冥。[28]

不塞其原、不禁其性的無為工夫，之所以能夠承諾物之生長，背後是以物之「自生」、「自濟」為前提的。「不塞其原」的「原」字，依其作為「水源」的本義，喻示著一個能夠自我發動、自

---

[27] 在此所言之「現象」，乃指康德所說，與「物自身」相對的「現象」之義。
[28]《老子・十章》注。同註9，頁8。

我實現的力量；而「不禁其性」的「性」字，則指出這個力量
同時亦是存有之根據或本質。對於萬物的長成，「自然」不僅作
為事物的根據而存在，而且還具備自我實現的活動性。王弼說
得很清楚，「物自長足，不吾宰成」，萬物在「自長」的動力中
就已經「足」了，再一點兒「宰成」都是多餘。所以生長萬物
不需要去主宰或推動，凡物之生，自有其「生之主」，它會自發
地活動以成就其存在；我們所該做的，只是以「不塞不禁」去
「養」之罷了。

　　這裡王弼提到「玄德」一詞，它之所以得名，是因「有德
無主，非玄而何？」可見「玄德」之「玄」是對「德」這個名
詞的形容。王弼在《老子注・一章》中對「玄」字的解釋如下：

> 玄者，冥默無有也，始母之所出也。不可得而名，故不
> 可言「同名曰玄」。而言「同謂之玄」者，取於不可得而
> 謂之然也。[29]

由此來看，「玄」字是用以形容「德」的超名言、超概念之性質；
所以「玄德」一詞，其實指的還是德性。德性超越名言，所以
心知無法認識其內容，故云「不知其主」，無法知其所主尚之謂
也。無法知其所主尚，亦即無法知其「目的」，則欲以「為之」
便不可能。因此整體而言，對於生命價值的實現，不但不能從
「形軀」下手，甚至也無法在概念意義的「德性」上著力；任
何助益生命的企圖，皆是揠苗助長，非但是多餘，而且還是擾

---

29 《老子・一章》注。同前註，頁2。

亂。我們唯一能做的，就只有「撤銷一切干涉」的「無為」工夫而已。無為就能自然，自然就是完足，而完足也就是吉祥。

（二）「心知」割裂主觀的價值世界

「德性是存有的根據」之命題，若從主觀中的作用方面來觀察，或者能在更深刻的意義上顯明其活動的機制。德性之「引導生命方向」，對於有知的主體而言，必然是從主觀中起作用的。人並非如無知之物般的身不由己、只能隨勢而動，而是透過心靈的抉擇方向，才將德性的內容開展出來。這種抉擇，所表現出的就是價值的評斷活動。在中國思想的大傳統裡，不管是儒家抑或道家，德性作為存有之「道」，在實踐者的主觀中，皆是以「價值取向」之形態來產生影響的。由於價值是生命的動向，我們總是追求有價值的東西，因此德性也必然成為存有的法則。

以儒家來說，孟子就在「義利之辨」的判斷中講求「道」的實現。其言：「義，人路也。」（〈告子上〉），明指「義」是人的存有之道。而當梁惠王問道「何以利吾國」的時候，他回答：「何必曰利？亦有仁義而已矣。」（〈梁惠王〉）這就顯出道德作為價值取向的意義。顯而易見的，在「義、利」兩者間取捨是價值的判斷活動，所以他以「魚與熊掌」的例子作譬喻，認為雖然兩者皆人之所欲，但在不可得兼之時，必定是「舍魚而取熊掌者也」（〈告子上〉），顯示出存有法則（德性）在主觀中的作用方式。在道家也是一樣。雖然道家向來講究「忘善惡」的超越態度，不過這並不等於它沒有價值判斷，而只是反對「決

定性的判斷」而已。[30]道家雖不議論經驗中的相對是非（心知），但卻講究超越意義的絕對真假（真知），所以莊子稱道家的聖人是「審乎無假而不與物遷，命物之化而守其宗也。」（〈德充符〉）「審乎無假」就是價值判斷，「命物之化」[31]就是實現存有，審乎無假者即能命物之化，因此道家形態也依然是在價值判斷中走出生命之道。

關於這方面，牟宗三先生的「主觀境界」之說也提供很具參考性的說明。在論及道家之道時，他用「境界」的觀念闡釋德性在主觀的作用方式，指出其中的「價值」意義。其言道：

> 我們依實踐而有觀看或知見；依這觀看或知見，我們對於世界有一個看法或說明。這個看法所看的世界，或這個說明所明的世界，不是平常所說的既成的事實世界（如科學所說的世界），而是依我們的實踐所觀看的世界。這樣所看的世界有昇進，而依實踐路數之不同而亦有異

---

30 此處所言之「決定性的判斷」，乃取義康德《判斷力的批判》一書之說，而與「反省的判斷力」相對者。康德云：「判斷力一般是『把特殊者思之為含在普遍者之下』之機能。如果普遍者（規律，原則，或法則）是給予了的，則『把特殊者歸屬於此普遍者之下』的那判斷力便是決定性的判斷力……但是，如果只是特殊者是給予了的，而普遍者則須為此給予了的特殊者而被尋覓，如是，則判斷力便只是『反省的判斷力』。」（牟宗三譯：《判斷力之批判》〔臺北：臺灣學生書局，2000 年〕，上冊，頁 124。）一般講「判斷」是指「決定性的」——先有「法則」，再以之決定「存在」。本文認為道家是從特殊者出發，將眼光先放在「存在」上，然後向上應合於造化之「目的」（道德）。這種從「恢恑憰怪」去考慮「道通為一」的判斷方式，應屬於「反省的判斷力」之形態。

31 林希逸云：「命物之化者，言萬物之變化皆受命於我，此猶禪家所謂『心迷法華轉，心悟轉法華』也。」《莊子鬳齋口義校注》（北京：中華書局，1997 年 3 月），頁 83。

趣，而既成的事實世界則一定而不可移，此則名曰定性
世界。而若此定性世界是康德意義的現象，則現象畢竟
亦是對應我們的感性與知性而為現象，因此，它為定性
世界是依我們的定性感性與定性知性而為定性世界，上
帝原不創造現象（依康德）；而若我們的感性與知性不是
定性的，而是可轉的（例如轉識成智），其為可轉是依人
不是定性眾生，即不是依人類學而看的人，而為可轉，
則現象之為定性世界亦是可定而可不定的，可使之有亦
可使之無。而所謂有昇進有異趣的世界則都屬於價值層
的，屬於實踐方面之精神價值的；而若在此實踐方面的
精神價值之最後歸趣總是定在自由自在，則有昇進有異
趣的世界總歸是一，雖有昇進而亦有終極之定，雖有異
趣而亦有同歸之同，而此世界中的萬物即是「物之在其
自己」之物，此則終極地決定者，亦即是絕對的真實者
或存在者，而不是那可使之有亦可使之無的現象。依此，
普通所謂定者實是不定，而依上說的觀看或知見而來的
普通視之為主觀而不定者，終極地言之，實是最定者，
最客觀者，絕對的客觀者——亦是絕對的主觀者——主
客觀是一者。[32]

依修養實踐的進行，而對世界所產生的「觀看」或「知見」就
是所謂的「境界」。境界是對世界的「理解」方式，如同牟先生
所說，它是對世界的看法或說明，我們透過這個知見把握世界、
定位對象，讓主觀中的萬物各得其位，井然有序。如果沒有這

種知見，萬物之存在對主體而言是沒有「意義」的。可以看出，這是從價值層次談論知見，而非就知識論的現象層次而言。所以在主觀中，依著修養的不同（方法不同或層次不同），境界是呈現為異趣的，它不具備知性認識的那種普遍性。在某些修養路數下，實踐者會道出「見山不是山，見水不是水」之類的語句，這用知性的角度來看根本是自相矛盾、不知所云，乃因其指稱的就是這種價值世界的「觀看」，故有「橫看成嶺側成峰，遠近高低各不同」之情形。牟先生認為，透過修養，境界不但會昇進，還會有最後的歸趣，會有「終極之定」的存在。在此終極定境中，萬物是「物之在其自己」之物，亦即是絕對的真實者或存在者。這種「真實」比定性感性、知性下的現象存有還要真實，因為它不但對不同修養者而言具有客觀普遍性，更重要的是，此一普遍性是就修養者主觀中的價值意義而言的，所以說這種心境是主客觀統一的終極境界。在此境界裡，所知見的，就是普遍的，所追求的，就是值得的；萬物在主觀中呈顯出絕對而不可移易的價值理序。這理序對於一切超越的心靈都有必然性，所以成為存有的根據或法則。

　　作為主觀境界而被描述的德性，其作用瀰天蓋地遍及一切存在，萬物透過它而整合為一體，所以老子以「一」稱之：

> 昔之得一者：天得一以清，地得一以寧，神得一以靈，谷得一以盈，萬物得一以生，侯王得一以為天下貞。（〈三十九章〉）

莊子對之的描述則是：

> 神鬼神帝，生天生地。在太極之先而不為高，在六極之
> 下而不為深，先天地生而不為久，長於上古而不為老。
> （〈大宗師〉）

這是描述德性超越時空限制的創生性。[33]萬物在終極境界中一體並存，毫無遺漏，一切事物都由之獲得價值定位。故老子云「萬物得一以生」，莊子曰「神鬼神帝，生天生地」，皆是強調德性「生」物之作用。此外，說德性是「一」，除了指其「融合萬物為一整體」的意思外，也涵著「萬物由之而得的價值是唯一的」之意。換言之，德性的價值實現是絕對的，並非透過相對待而成立。故有言曰：

> 曲則全，枉則直；窪則盈，敝則新；少則得，多則惑。
> 是以聖人抱一為天下式。（《老子‧二十二章》）

> 夫天下莫大於秋豪之末，而大山為小；莫壽於殤子，而
> 彭祖為夭。天地與我並生，而萬物與我為一。（《莊子‧
> 齊物論》）

「曲則全，枉則直」，這句話就字面的意思是「委曲則能保全，屈就則能伸展」，這並不是在談論黃老家的權術運用，而是在洞見了正反相對關係的虛幻性之後，特意從反面點出超越面的存在之詭詞。張默生先生說：「聖人是守著整個道，作為天下一切事理的法則。若是能將整個道把握住了，則所謂曲全、枉直、

---

33 當然，道家主觀境界中的「創生」，嚴格的講只是「實現」義，而非有目的之「創造」義；這是讓開一步，令萬物自我呈現其價值的「反思判斷」，與透過先驗概念（目的）以衡量存在價值的「決定判斷」是不盡相同的。

窪盈、蔽新、多少，都被這個『道』統攝無餘了。」[34]所以從反面去追求，目的並不在肯定反面，而是在突顯一般所謂「正面」價值的相對性，從而擺脫相對性的思考模式。藉由「相對性」的擺脫，超越於正反之上的德性價值自然浮現，而顯出其中絕對的意義。德性所實現的價值令萬物各成其是、自本自根，擺脫了「對待」的存在關係。所以就「秋毫之末」本身而言，沒有東西可以令它成為「小」；而就泰山本身而言，也不能說它比什麼東西「大」。天地在超越的觀照下，是個緊密相連的有機整體，萬物於其中各有正位，沒有一物可以設想為不需要存在，因而皆具有絕對唯一的價值。

　　因此就德性的實現而言，終極定境中的觀照是必要的條件，離開這種超越的觀照，存有的真實性（或者說「價值的絕對性」）根本不存在。可是，在道家的理解中，德性對於生命儘管是先天本具的存有法則，卻似乎不得不面臨必然的異化。因此在老莊之書裡，道德實現之境往往不被當作是現實，而是被用期許的口吻加以描述。譬如老子說：

> 眾人熙熙，如享太牢，如春登臺。我獨泊兮其未兆，如嬰兒之未孩，儽儽兮若無所歸。……我獨欲異於人，而貴食母。（〈二十章〉）

這裡描繪出眾人縱情奔欲與老子純樸不離之間的落差。相對於「眾人」一名蘊涵的現實性，老子之「我」的標出，則顯露出實現德性僅作為「理想」的意義。他說自己「貴食母」的意向

---

[34] 張默生：《老子章句新釋》，《老子的人生大智慧》（臺北：明日世紀，2002年），頁98。

「獨欲異於人」，將尊崇德性的自己與「眾人」區別開來；顯然，在一般狀況下，生命將會淪落到「眾人」所代表的那一方。同樣的意思，在《莊子》中也多有表述。譬如〈人間世〉裡楚狂接輿慨然歌道：

> 鳳兮！鳳兮！何如德之衰也！來世不可待，往世不可追也。天下有道，聖人成焉；天下無道，聖人生焉。方今之時，僅免刑焉。

「來世不可待，往世不可追」已經明顯將古今之世的價值作了分判。「方今之時，僅免刑焉。」現實上的人間遠非道德充盈的理想世界，落入德衰之世似乎是難以避免的必然，所以「鳳兮！鳳兮！何如德之衰也」的責備，轉成為一句無可奈何的嗟嘆。這樣的情調，在〈齊物論〉的一段敘述裡更是表露無遺。其言曰：

> 一受其成形，不亡以待盡。與物相刃相靡，其行盡如馳，而莫之能止，不亦悲乎！終身役役而不見其成功，苶然疲役而不知其所歸，可不哀邪！人謂之不死，奚益！其形化，其心與之然，可不謂大哀乎？人之生也，固若是芒乎？其我獨芒，而人亦有不芒者乎？

從稟受形體開始，生命就不可選擇地面向死亡。其間的過程，多半沈浮在與事物的相刃相靡之中，而無法自拔。終身疲役卻不知歸止何處，如此的生命難道不是一場悲劇嗎！牟宗三先生曾說此段文字「低回慨嘆，對現實人生最具『存在之悲感』」。[35]

---

35 牟宗三：《才性與玄理》，頁 196。

在充滿悲感的語調中，莊子看待現實生命的方式已然表露無遺。他顯然不認為德性的發用是「現成」的，起碼對一般人而言不是；因此才會發出「人之生也，固若是芒乎」的問句。在現象世界中，人們更為普遍可見的現實反而是「芒」，對於道德價值而言，「不知其所歸」似乎才是一般的狀態。

　　將「古代」描繪為道德充滿的世界，是道家展示理想的常見手法。在此表現手法之下，時代的推進一轉而為道德失廢的歷史；而其中的關鍵因素，就在於「心知」分別作用所介入的程度。莊子說：

> 古之人，其知有所至矣。惡乎至？有以為未始有物者，至矣，盡矣，不可以加矣！其次以為有物矣，而未始有封也。其次以為有封焉，而未始有是非也。是非之彰也，道之所以虧也。道之所以虧，愛之所以成。（〈齊物論〉）

這裡將主觀的境界由高至低分為四個層次。最高層次的「知」，在主觀中物我渾融為「一」，無有作為對象之「物」的存在。郭象解釋道：「此忘天地，遺萬物，外不察乎宇宙，內不覺其一身，故能曠然無累，與物俱往，而無所不應也。」[36]這是道家最推崇之「無」的境界。[37]其次的境界，事物已經被作為對象而表象給主體，但主觀中物與物之間並無封界隔斷，彼此還是緊密關連的；但這已經開始進入「有」的境界。第三個層次，物我間有

---

[36] 《莊子・齊物論》注。同註12，頁75。

[37] 吳怡先生云：「『未始有物』就是『無物』，即『無』的境界。如老子的『太上不知有之』，六祖慧能的『本來無一物』。這是遊心於萬物之宗，即道體的境界。」《新譯莊子內篇解義》（臺北：三民書局，2000年），頁91。

了絕對的界限分隔，主觀中的萬物已非連續的「一體」，而各自成為孤立的存在。最後的層次，萬物不但彼此斷隔而不連續，更糟的是它們還分成價值不同的存在。以上四個層次的遞衍，是由「無」境落至「有」境並滯著於其中的過程，也是心知障蔽作用的步步遞增。「無」跟「有」在此是什麼關係呢？牟宗三先生認為：「『無』當然亦是一種『有』，此是無限的有。此無限的有以『無限的妙用』來規定，是因著虛無了那一切浮動妄動之造作與膠著而遮顯出來的。因此，無限的有，無限的妙用，就是無。即以此無來維繫（所謂穩住）那在其自己之有。」[38] 所以「無」是指「無限的有」，而有境的「有」呢？相對的可以認為是「落入限制中的無」。在無限制的境界中，事物不以「對象性」為框框而表象，因而萬物間沒有所謂封界，當然更遑論因價值高低而成的區隔。價值的區隔假使彰明，意味著德性已遭虧損、終極之境已然割裂，生命的偏執脫軌也由此發生。

　　價值高低的分別，指涉事物存在上的重要性，這種區分的成立，彷彿意味著構成世界的某些環節是可以省去似的；在道家看來，這當然是妄見，是心知的造作。在真實無妄的觀照下，世界是連續的有機整體，萬物在其中由互相成全而致自我成全，因此每個存在都是有意義的，沒有一物能比另一物更「有價值」。一台機器，儘管某些機件（譬如引擎）構造較為複雜，也不能說它就比機器中的一顆螺絲釘「重要」。因為假使缺了這顆螺絲釘，再複雜精密的機件也無法發揮恰當作用。所以在「存

---

[38] 牟宗三：《現象與物自身》，頁432。

在」的層次上（道家所言相對於「無」之「有」的層次），莊子不認為生命中有所謂的「主體」可言，他說：

> 百骸、九竅、六藏，賅而存焉，吾誰與為親？汝皆說之乎？其有私焉？如是皆有為臣妾乎？其臣妾不足以相治乎？其遞相為君臣乎？其有真君存焉？如求得其情與不得，無益損乎其真。（〈齊物論〉）

這種充滿問句的行文，是屬於莊子的特殊表達方式。它以懷疑語氣來對常識觀念表達某種否定的態度，但是這種態度又並非是全然否定的，而是在否定中暗示著另一個層次之肯定。百骸、九竅跟六臟，生命賅而存焉，不能說何者對生命而言是「主體」，對於生命的「整體」而言，任何一個部分都不可或缺，故而都擁有絕對的價值。但是不可否認，這些部分或環節確實也構成統一的生命活動，所以儘管不能認定百骸、九竅、六臟中誰是管理生命的「君」，但也不能以為它們就是各自為政。若說各自為政的官能竟可以構成統一的生命活動，這真教人難以置信。於是我們不得不承認該有一個超越於百骸九竅之上的「真君」存在，它統合身體百官的運作，而作為各個部分的存在基礎。就此「統合」的意義而言，這真君誠然可謂為生命之「主體」，但必須釐清的是，這個主體是超越於百骸、九竅和六臟的，它不屬於「存在」的層次。在存在的層次中，作為整體的一部分而觀，萬物的價值都是平齊的，沒有一物能甚於一物。所以莊子說「恢恑憰怪，道通為一」，意即在指出萬物本質上的平等。〈齊物論〉中言：

> 可乎可,不可乎不可。道行之而成,物謂之而然。惡乎
> 然?然於然。惡乎不然?不然於不然。物固有所然,物
> 固有所可。無物不然,無物不可。故為是舉莛與楹,厲
> 與西施,恢恑憰怪,道通為一。

凡物皆自有其「可」,自有其「然」,這是物自身的絕對價值;
在這個意義下才可以說「恢恑憰怪,道通為一」,因為這是從超
越的立場看待萬物。相反的,假使認為事物不但有「可」與「然」,
並且由此「可」與「然」還能夠比較出「不可」與「不然」,那
麼已是落入現象的相對判斷中。相對的價值判斷,都是由於觀
點或立場的限制而產生,則隨著視角的不同,判斷也會有所差
異。所謂「道行之而成,物謂之而然」,乃是落入「有」的層次
立言,是因心知的分別性而致。因而呂吉甫注曰:「道行之而成,
非無為而成也;物謂之而然,非本有而然也。其所然所可,乃
不然不可之所自起;而求其為之者,卒不可得,則知其本無有
矣。此物之所以齊也,胡為趨舍於其間哉!」[39]只有立足於「無
有」的立場觀照,萬物才能顯其「本然」,而得物物齊平之知。
若立於「有」而「然」之,則必有「不然」伴之而起,則不但
萬物將因不齊而割裂(物不齊),並且所作之「然」與「不然」
的判斷也必言人人殊(論不齊),[40]那麼絕對客觀的終極定境也
就蕩失了。

---

39 焦竑:《莊子翼》(臺北:廣文書局,1979 年),頁 24。

40 關於「物」與「物論」的齊平,必是先齊平「物論」,而後「物」自能齊。
王邦雄先生說:「眾生平等要成為可能,只有建立各大教平等的共識。否則,
人間的平等是假的。」又說:「萬物平等,要從『物論』平等做起,而物論
一者不能取消,二者不能統一,在不可齊之中,尋求可齊之道,惟有超越

（三）「心知」破壞客觀世界的和諧

心知的認識機能，不能離開「對待關係」來把握對象，所以凡是在心知的作用之下者，皆不免是「相待而成」；以現代用語來講，也就是不能擺脫相對性的表象形式。相對性作用下的認識能力，將萬物描繪為或美或醜、或善或惡，而喻示著其存在上的該或不該。可是事實上這並非事物本來的面貌，而只是心知把握對象的方式，以此方式看待世界，事物遭受扭曲是可想而知的。對於這種弊病，道家向來有獨到的洞見，老子曰：

> 天下皆知美之為美，斯惡已；皆知善之為善，斯不善已。故有無相生，難易相成，長短相較，高下相傾，音聲相和，前後相隨。是以聖人處無為之事，行不言之教，萬物作焉而不辭。（〈二章〉）

用心知去分別出的美、善，不是事物真正的價值，因為這種美、善的成立，乃是以醜、惡的存在作為背景；換個方式說，追求這種「美、善」將會同時製造出相對的「醜、惡」。作為世界的一部分，每個存在都是其中不可或缺的環節，都應該同等重要。在此意義下，萬物儘管樣貌或作用不同，卻皆具有自在之價值，哪裡有所謂美醜善惡的定相呢？可以言善惡美醜，一定是心知起的作用。聖人深明其中關鍵，故不以心知造作、名言分別，只令其自然而然。而在莊子，對於相待關係也有細緻的解析，其云：

一途。」（《二十一世紀的儒道》〔臺北：立緒文化事業公司，1999 年〕，頁129。）「超越」就是立足於「無有」的立場以觀照萬物。無有徵向，則物論平齊；物論平齊，則萬物皆真。此之謂「論齊而後物齊」。

> 物無非彼，物無非是。自彼則不見，自是[41]則知之。故曰：
> 彼出於是，是亦因彼，彼是方生之說也。雖然，方生方
> 死，方死方生；方可方不可，方不可方可；因是因非，
> 因非因是。（〈齊物論〉）

在心知的運用下，存在總是以「彼是相對」的形式而表象。「彼」是對方，「是」是此方，兩者的關係是既對立又依存，一方成立必然意謂著另一方也存在。勞思光先生解釋道：「有一面在生長中，則另一面即在消亡中；反之亦然；又可說，有一面在被肯定中（方可），則另一方面即在被否定中（方不可），反之亦然。」[42]此處既云「反之亦然」，可知同一個東西在不同角度下，既能被肯定而視之為有價值，亦可被否定而視之為無價值。我們會驚訝同一存在怎能具有多重的價值意義？這樣的念頭一起，便揭露了相對認識的非本質性、非真實性。

　　事實上，心知永遠只能通過觀者的角度去評價事物，它首先將自身所在的立足處謂之「是」，而將相對於立足處較遠的一邊謂為「彼」，形成相對的認識架構。接著則是將作為「此方」的「是」執著為是非價值的「是」，因而相對的「彼方」也轉成為負面意義的「非」，如此便完成一個價值判斷。由這樣的過程可以料想到，若觀者的立足處稍有轉移，那麼作為「是」的那

---

41 「自是」眾本原作「自知」，此處據嚴靈峰先生之說校改，其云：「作『知』於義不合。本節上下文並以『彼』、『是』對文，此不當獨作『知』。疑涉下『知』而誤。上句『自彼則不見』，則下句作『自是則知之』；『彼』與『是』對，『見』與『知』對，文法井然。」見嚴靈峰：《莊子章句新編》，《經子叢著》（臺北：國立編譯館中華叢書編審委員會，1983年），第2冊，頁79。

42 同註9，頁270。

一方也將有所變化，價值之所在便這樣隨著評價者的立場而遊移，終無定準。所以成玄英解「因是因非，因非因是」句云：「故知因是而非，因非而是。因非而是，則無是矣；因是而非，則無非矣。是以無是無非，非生無死，無可無不可，何彼此之論乎！」[43]其意在破斥相對認知的虛幻性，指出「彼此之論」的不足為據。若以這樣的心知去理解生命、把握萬物，由於主體與客體雙方皆遭扭曲，主體生命無法與萬物相諧的結局便不得不然。

心知的分別作用，不但在主觀中扭曲自我的圖像，也遮蔽了世界的真相。這讓生命陷入困局，不得不斷在對立關係中與物相刃相靡。只要心知活動，生命便不可避免地和世界發生衝突，而在其中漸漸消殞。〈齊物論〉對此苦境的刻劃令人悚然心驚，其云：

> 大知閑閑，小知閒閒；大言炎炎，小言詹詹。其寐也魂交，其覺也形開。與接為構，日以心鬥。縵者、窖者、密者。小恐惴惴，大恐縵縵。其發若機栝，其司是非之謂也；其留如詛盟，其守勝之謂也；其殺若秋冬，以言其日消也；其溺之所為之，不可使復之也；其厭也如緘，以言其老洫也；近死之心，莫使復陽也。喜怒哀樂，慮歎變慹，姚佚啟態；樂出虛，蒸成菌。

不管是大知抑或小知，其活動都將導致「發」、「留」、「殺」、「厭」等一連串過程。一旦身陷其中，生命是難以自拔的。「其寐也魂

---

43 《莊子·齊物論》疏。同註12，頁67。

交，其覺也形開。與接為構，日以心鬥。」或醒或夢，心知會和對象不斷糾纏，為一些幻象而爭鬥不已。而最後的結局，則是「近死之心，莫使復陽也」，生命在殺傷中消耗殆盡，再也無法恢復，這真是一場可怕的噩夢！不過，儘管已將內心攪成一灘渾水，這卻還不是心知所造成傷害的全部。「發」、「留」、「殺」、「厭」的過程，並不只是影響心靈的內在活動而已，它的作用還將牽涉到客觀世界的存在。主體偏離天真自然，實際上必有客體與之發生連動，而受到負面的影響；這就讓主觀世界的病痛向外蔓延，而擴張為客觀世界的災難。

　　客觀世界的萬物有其自在的存有規律，物之自身各具自己的存有法則，這些法則在創生根源「道」之保證下，彼此是相互諧和的一體。所謂「鳧脛雖短，續之則憂；鶴脛雖長，斷之則悲。」(〈駢拇〉) 又謂「受命於地，唯松柏獨也正，冬夏青青；受命於天，唯堯舜獨也正，在萬物之首。幸能正生，以正眾生。」(〈德充符〉) 萬物在所受正命中，本有其當然和諧之道，半分增減不得。但當心知介入生命，扭曲主體運行軌道時，也連帶干擾了與主體本來相諧的其它存在，將它們推離正命，而使大道的一體和諧遭到破壞。〈人間世〉用了一個生動的譬喻來說明這個道理：

> 夫愛馬者，以筐盛矢，以蜄盛溺。適有蚊虻僕緣，而拊之不時，則缺銜毀首碎胸。意有所至而愛有所亡，可不慎邪！

對馬的照顧，甚至到以竹筐大蛤等寶器來盛裝屎溺的地步，不可謂不厚愛了。也因為這般的愛惜之心，才會一見到蚊虻僕緣

隨即出手拊拍，生怕愛馬受螫。但結果並不如人意，馬兒不但不領情，甚至缺銜毀首碎胸，造成了反效果。就整件事來分析，馬受驚而肇禍，其實問題倒不出在拊拍蚊虻，而是在於拊之「不時」——偏拊不在適當的時機。假若在恰當時機拊拍蚊虻，則馬兒不會受驚，缺銜毀首碎胸之事也斷然不會發生。然而為何會拊之不時呢？關鍵就在一個「愛」字。〈齊物論〉說：「道之所以虧，愛之所以成。」在莊子的看法，「愛」對於「道」而言是一種偏執，所以一定會虧損大道成就萬物的作用。這裡說的「成就萬物」，不但可以在主觀上從價值去講，也應該放到客觀上就存在來看。心知分別了彼此，陷溺於愛惡，於是不僅割裂存有價值的一體皆是，也破壞存在狀態的一體和諧。要成就萬物的和諧，唯一途徑只有停止心知分別。不用心知，則愛惡不起，大道自然能周遍地成就萬物。所以此「拊之不時」，乃是因其不能止息心知好惡，所以才破壞原本即存於人馬之間的「恰到好處」；主人對於馬的「愛」，其實正是導致愛無法實現的原因。

對於此處的「缺銜毀首碎胸」，一般有兩種解釋：一是如郭象注所言：「意至除患，率然拊之，以至毀碎，失其所以愛矣。」[44]意思是馬咬斷自己的口勒與毀碎胸上絡轡，令主人痛失愛馬。另一種解釋則如成玄英所疏：「主既愛惜，卒然拊之，意在除害。不定時節，掩馬不意，忽然驚駭，於是馬缺銜勒，挽破轡頭，人遭蹄蹋，毀首碎胸者也。」[45]意思是不但馬兒自毀銜轡，還蹄

---

[44] 《莊子·人間世》注。同註 12，頁 169。
[45] 《莊子·人間世》疏。同前註。

踏主人，使之毀首碎胸。這兩種解釋儘管都說得通，但前者只是意指心之所愛無法成就，而後者則更強調了施受雙方皆蒙受其害的意思。以文章脈絡來看，我們認為成玄英的詮釋更能突顯道家萬物一體的存有觀。心知的造作，對於大道運行的干擾是整體、全面的。存在的因果序列環環相扣，不確定因素（心知造作）的介入，導致原來該有的和諧脫序。在世界作為一個連續整體的意義下（〈知北遊〉：「通天下一氣耳」）——換句話說它是個封閉的系統——這脫序的惡果，最後終必回報到始作俑者自身。所以對於馬的「愛」，不但會傷害到馬，也會傷害到主人，甚至是殃及其他存在。

〈胠篋〉云：「天下每每大亂，罪在於好知」，心知在道家看來是具有罪性的，因為它的本質就是「造作」——將真實的存在勉強塞進人為的名言框架中，以利於認識或判斷活動的進行。可是真實的存在是活生生的，自有其所然，未必能恰好符合概念思考的框架。於是在心知活動之際，世界的真貌就不斷地遭到扭曲，讓心中的圖像和真實自然越離越遠。以如此的圖式來判斷自然，結果當然是大謬於情實；在此狀態下，若還仍要強行心知所見，那麼對於客觀世界而言就是災難。所以《老子》說：

> 其政悶悶，其民淳淳；其政察察，其民缺缺。禍兮福之所倚，福兮禍之所伏。孰知其極？其無正。正復為奇，善復為妖。（〈五十八章〉）

這番話原是對施政者的忠告，但其中也道出心知的侷限性和乖謬性。所謂「禍福相倚」，並非意謂「禍後必有福，福後必有禍」

的禍福必然輪替,「禍福相倚」跟「否極泰來」意思是不相同的,它必須與「孰知其極?其無正」一句話連著理解。如此則「禍福相倚」可以有兩方面的意思。一是指際遇之為「禍」抑或為「福」,心知是無能判定的。因為同樣的存在狀態,在不同的觀點下顯現為不同的意義。〈齊物論〉云:「毛嬙麗姬,人之所美也;魚見之深入,鳥見之高飛,麋鹿見之決驟。」如同毛嬙、麗姬的美無法獲得普遍認同,人們對福禍的判斷亦然。一個月進賬十萬元,在窮人心中是福,在富人眼底則是禍。「自彼則不見,自是則知之」(〈齊物論〉),心知是有封限的認識能力,只能從自身的存在視域去進行理解,一旦越出視野之外,它什麼都不能肯定。禍福評價既無法取得普遍的認定,於是只能是超越的理念。此外,即使禍福概念真的能夠獲得普遍認定之內涵,禍福之間的存在關連還是無法把握。這是「禍福相倚」的另一個含意,意指事物間的因果聯繫千絲萬縷,心知無能真確地去判分禍福轉變的契機。《淮南子·人間》云:「夫禍福之轉而相生,其變難見也。……故福之為禍,禍之為福,化不可極,深不可測也。」書中並以「塞翁失馬」[46]之寓言,來曉喻存在法則的超越性。然而,不管「禍福相倚」蘊涵的是哪種意義,一旦說禍福之「極」是超越的,便意謂它在現象界中是「其無正」

---

[46] 〈人間〉云:「近塞上之人有善術者,馬無故亡而入胡,人皆弔之。其父曰:『此何遽不為福乎?』居數月,其馬將胡駿馬而歸,人皆賀之。其父曰:『此何遽不能為禍乎?』家富良馬,其子好騎,墮而折其髀,人皆弔之。其父曰:『此何遽不為福乎?』居一年,胡人大入塞,丁壯者引弦而戰,近塞之人,死者十九,此獨以跛之故,父子相保。」劉文典:《淮南鴻烈集解》,頁 597-599。

──現象界中無法找到絕對的標準。假使順任心知，把不是標準之物執著為標準，並以之裁量萬物，結果往往會適得其反。王邦雄先生說：「標榜正道，會逼出奇變的回應，執著善德，會逆轉為妖惡。正道善德來自心知的執著，標準定在自家的身上，相對於天下人而言，那是主觀的偏見。以此主觀偏見去責求天下人，無異迫使天下人扭曲變形，委屈自我生命的真實，而去迎合世俗名利的標準，等同仿冒作假，此正道自我異化為妖道，而善德也自我異化為惡德了。」[47]這番話明白指出了存在異化的根本原因，而正可為心知的罪性下一註腳。

所以老子認為其政察察，其民反將缺缺。「察察」和「缺缺」可以用〈齊物論〉「道之所以虧，愛之所以成」的意思來理解，意指愛惡分別之所以成立，正是大道之所以虧損；因此政治措施越是分別別析[48]，則人民德性也越是斲喪缺殘。人民一旦溢脫天真德性，則完治天下便成絕不可能。〈在宥〉有言曰：

> 非德也而可長久者，天下無之。人大喜邪？毗於陽；大
> 怒邪，毗於陰。陰陽並毗，四時不至，寒暑之和不成，
> 其反傷人之形乎！

走離德性的原因，在道家只有一個可能──心知造作。所謂「飄風不終朝，驟雨不終日」，不從德性而倚仗心知，絕非長久之道。心知帶來是非分別，是非分別則導致喜怒為用；大喜大怒，則所作所為必傷陰陽之氣；二氣並傷，則四季不依時令而至，寒

---

[47] 王邦雄：《中國哲學論集》（臺北：臺灣學生書局，2004年），頁382。

[48] 《老子・二十章》「俗人察察，我獨悶悶」句，王弼注「察察」云：「分別別析也。」同註9，頁16-17。

暑也不能達成調和；如此一來，最終受傷害的還是用知失德的始作俑者。透過這段敘述，可再次印證莊子視天地萬物為一體的態度。他認為萬物彼此相互關連且相互成就，世界是一個緊密扣合的整體，所以人的一舉一動，都牽動著存在界的變化。在萬物原是一體和諧的自然中，假使人溢脫德性而走離本來的軌道，那將會導致連鎖反應，讓一切存在也都離德失位，於是天地間本具的和諧也將不存。

　　因此要治天下，最好的也是唯一的途徑，就是關閉心知，以令淳厚的德性自然活動，所以老子才說「其政悶悶，其民淳淳」。〈人間世〉有段文字呼應了這個說法，其云：

> 夫徇耳目內通而外於心知，鬼神將來舍，而況人乎！是萬物之化也，禹、舜之紐也，伏戲、几蘧之所行終，而況散焉者乎！

能使耳目根竅內通於德性，而離於心知之有為，則德性得以遂行，生命自能符應於造化。如此，即使是異類之鬼神亦將前來歸附，更遑論與我們同類之人！憨山大師說：「若內通融於心體，真光發露，則不用其妄心妄知。如此，則虛明寂照，與鬼神合其德，故鬼神將來舍矣，而況於人而不感化乎！」[49]人與鬼神在存在上要能相應和合，必須「與鬼神合其德」；而要與鬼神合德，又必須令心體「真光發露」（即令德性自我活動）。所以歸根就柢，一切應世問題的樞紐，還是在於「心知」的對治上。心知的造作若能消解，則生命障蔽盡除，德性之光自然發露。

---

[49] 憨山大師：《莊子內篇憨山註》（臺北：新文豐出版公司，1973年），頁310。

如此，則主體與萬物合其德，存在上便也得以相符應。郭象云：
「德充於內，物應於外，外內玄合，信若符命而遺其形骸也」，
[50]就是在表明這樣的道理。

　　唐君毅先生說：「養生主之旨，在自養其生，而不求功名於
外。人間世之旨，則言人之未忘功名，即足以礙其事功之成，
以言處人間世之不易。此不易，在根本上，仍在吾人心知之用
於處人間世時，恆未免乎成心之累。人以有成心，而有其自視
為是為善者，足以自恃，而居之不疑，更自得其名聞；而人即
據其所自恃，與已有之名聞，自以為善，而亦欲人之以為善，
以感化此人間自任。世之儒墨，固皆志在化世，而或不知『于
心知之所知，有所自恃，而居之不疑、與已有之名聞』，正皆足
為其化世之礙。則人果欲處此人間世，而求化世，固必當先變
化其自己，而先有一善運用其心知，形成其心志之工夫。」[51]透
過這番話可以明白，養生與處世之道其實並不為二，目的皆在
於解消名言所成之執著封限。而更根本地看，則名言實起於心
知，或者甚至可以說「名言即是心知的活動方式」，於是要想避
開名言之害，工夫只指向一個目標——對治心知。這是內聖的
起點，也是外王的終點，所以不管是〈養生主〉還是〈人間世〉，
在在離不開此一問題的思考，它成為莊子哲學的核心課題。眾
所周知，「混沌鑿七竅」的故事，寓有「心知斲喪德性」的意涵，
[52]它會被置於專講「外王」的〈應帝王〉，並作為全篇的結尾，

50　《莊子・德充符》注。同註12，頁187。

51　唐君毅：《中國哲學原論——原道篇卷一》，頁367。

52　唐君毅先生言：「故應帝王之篇，終于七竅鑿而混沌死之一喻。七竅鑿，所

本來不是沒有原因。對於莊子的外王實踐而言，心知就是治亂的樞紐，禍福沒有其他的門戶；能夠掌握到這一點，治道的實踐才從根本上有了著落。否則，若實踐不在心上立根，則無為治道的講求，便很容易淪為法家的術用了。

以喻心知之散逸于外。此心知散逸于生命之外，而生命亡。故生命心知皆必反于其本，以接其天之不可知者，此即混沌之所存。」（同前註，頁 401。）

第參章

應世思想的存有論基礎

　　《莊子》書中，除了「主體逍遙」的內在嚮往外，還可以發現不少「化物、治世」的外在關懷。這類要求在道家「無為」工夫作為前提之下，其實現不僅被表述為或然的，甚至是被當作必然的。面對這樣的理論呈現，令人不得不驚訝於莊子對於扭轉人間世界、實現外王功業的強烈信心。

　　以儒家的理路來說，「客觀世界的和諧圓滿」此一目的之實現，由於涉及客觀經驗世界，一般被歸為「求之在外」的範圍。這類要求是「求之有道，得之有命，是求無益於得也」（《孟子·盡心上》），所以儘管依照可信據的原則或方法去追求，其實現也並無必然性，而有其客觀上的限制；故方謂「得之有命」。就此而言，「求」與「得」之間是找不到必然關連性的。但在莊子的觀念則不同。在其表述中，客觀世界的圓滿程度被認為能夠全幅地回應於實踐的付出；換句話說，道家的方法對於「外王」的達成是可以保證的——由工夫保住德行，而由德行實現圓滿存在。所以說「聖人將遊於物之所不得遯而皆存」（《大宗師》），聖人無心而遊於萬物不得遯失的超越之境，[1]使之皆能存其自己；德行在此保證了萬物存在的自然狀態。相較於儒家「得之

---

[1] 林希逸云：「遯，失也。藏天下於天下，付之自然也。凡在天之下者，皆付之於天，則無所遯矣。」《莊子鬳齋口義校注》，頁108。

有命」的「命限」觀念，如此的信心實在令人印象深刻，而不禁要探問此「德福一致」信心的根據究竟何在？

這個探問，不但觸及莊子外王理論的核心，並且也關聯到其哲學「即內聖而即外王」之特殊性格的形成，是面對「主體與世界的關係」之課題時，不可忽略的一部分。因此本章的工作，即在於證明《莊子》中「德福一致」的信念確實存在，並且深入考察支持此一信念的理論根據。期盼藉由對此根據的描述，使莊子外王思想得以脫下工夫論語言的外衣，而豁顯其自身的理論架構。

一、對淑世的必然要求

（一）對「有為之道」的質疑

莊子外王主張的提出，乃是以對「有為之道」的質疑為出發點。他認為面對恢詭譎怪的大千世界，以有心有為的方式去求治，是難以勝任的。要能「化貸萬物」而「功蓋天下」（〈應帝王〉篇語），唯有透過「虛而待物」的無為之道。所以他不遺餘力地抨擊那些企圖建立特定標準來限定一切存有的「方術」，指出其中的侷限性以及所將導致的負面作用；然後再藉由這樣的反省，提出自己對於理想治道之思考。因此在考察莊子對自家工夫的信心根源之前，先瞭解他對「有為」之道的懷疑與批判是有絕對必要的。因為這些反省，透露出他的關懷所在，同時也導引出其工夫之進路。

　　在〈內篇〉裡，莊子關於外王思想的發揮，主要見於〈人間世〉與〈應帝王〉兩篇，其中內容多半在探討實踐主體與外在客觀世界的相對關係。[2]對於其他家派外王見解的批判，也多見於此。這些批判，雖然是普遍的對「有為治道」的反省，但可以看得出來其實主要還是將矛頭對準了儒家。所以在寓言中，不但被批判的主角往往由典型的儒家人物擔綱，且所批判的對象也多是儒家的仁義之言。我們可以先舉「顏回將之衛」這段寓言作為例子：顏回向老師告別，表示欲前往衛國規勸輕用其國的暴君，以實踐孔子「治國去之，亂國就之」的教誨。這本當是救民於水火的仁心宏願，不料仲尼聽完不但不加讚許，反而澆他一盆冷水，當場斷言「若殆往而刑耳」、「必死於暴人之前矣」，原因是：

> 德蕩乎名，知出乎爭。名也者，相軋也；知也者，爭之器也。二者兇器，非所以盡行也。且德厚信矼，未達人氣，名聞不爭，未達人心。而彊以仁義繩墨之言術暴人之前者，是以人惡有其美也，命之曰菑人。菑人者，人必反菑之，若殆為人菑夫！（〈人間世〉）

2　有些學者認為這兩個篇章應該以「為臣之道」與「為君之道」加以區分，以釐定其屬性的不同。如此看法容或有文義上的根據，但若就莊子「即內聖即外王」的理論形態而言，如此區分意義實在不大。在莊子「以工夫作本體」的思想形態下，方法論是貫串全書的主題，在此不管是談為君或是為臣、政治還是處世，沒有論題能夠離開「修養工夫」而具有獨立的意義。所以強欲在「以主體修證為唯一方法」的思想中分離出君臣之道，文獻處理上既不容易，理論建構上也無必要。

這裡在文句的詮釋上有些許爭議，有必要先作一番釐清。「知出乎爭」這句話一般可以有兩種解釋：一是解作「知因爭競而產生」之意，如郭象所注：「知之所以橫出者，爭善故也」。[3]另一種解釋，主謂詞剛好顛倒過來，解作「心知導致了爭競」之意，如林希逸《口義》言：「纔有用知之私，則爭競所由起矣」。[4]這兩種解釋各有所據，前一種解釋，立基於句法的對稱性上，以「德蕩乎名」與「知出乎爭」相對，句法結構相同，語詞的主謂性質亦當相稱。「德蕩乎名」既解為「德因名而蕩失」，那麼「知出乎爭」亦應釋作「知因爭而產生」。此外，引文中也說「知也者，爭之器也」，這是意謂「爭」才是目的，「知」只是工具；所以是為了「爭」才有「知」，「知」是因「爭」而有。後一種解釋，根據的是《莊子》原典所呈現的內在理路架構。「心知」是莊子哲學所欲對治的根本問題（參閱前章所述），《莊子》十萬餘言自始至終都緊扣著此一問題而發。所謂「吾生也有涯，而知也無涯，以有涯隨無涯，殆已！」名號是心知執著的產物，由執著而有分別與比較，導致無窮追逐，成為一切困頓和殷亂的根源。若反將心知當作爭競的結果，在理論上是本末倒置的。由於以「知出於爭」之義在《莊子》中止此一見，且不契於《莊子》全書的整體思想表現，故此處我們認為仍應以第二解為當。況且郭象自己也說：「夫名智者，世之所用也。而名起則相軋，

---

3 郭慶藩：《莊子集釋》，第 1 冊，頁 135。
4 同註 1，頁 57。

知用則爭興，故遣名知而後行可盡也。」[5]顯然他還是以「知」為爭競之起因，所以當遣的是「名」、「知」而非「名」、「爭」。

對於「名言」與「心知」的警戒，向來是道家基本的自持態度。德性會因執著「名」而蕩失，爭端總由「知」的分別而生起，兩者一而二、二而一，是人間的凶器、爭亂的根源，不僅在主體內聖修養上，同時也是外王實踐所欲超克的主要對象。身負此凶器而居然要去勸諫暴君，如同是抱薪救火，不僅救不了，根本就是加重災情！未能徹底消解「名」與「知」，則即使德厚信矼也無法通達人氣，即使名聞不爭也難以通達人心；莊子認為若在此時強以「仁義繩墨之言」準繩於人，必然被當作是以非毀他人來自我標榜。[6]他用了一個引人注目的詞彙來稱呼這種行為，謂之曰「菑人」。對於「菑人」的發生，王邦雄先生一番剖析直指其中關竅，其言：

> 「未達」之癥結，在未有主體之自我消解的工夫。德厚信矼所以未達人氣，名聞不爭所以未達人心，乃因聽之以心而心止於符之故，責求天下人符合自家心知執著的價值標準，正是「彊以仁義繩墨之言，術暴人之前者」（〈人間世〉），凸顯了自家的善德美名，而未有貼心的理解與體貼的感受，你的善在他的心之外，你的美在他的氣之外，是則人世間的救人行動，皆成了以他人之惡而有自家之美的菑人。[7]

---

5 同註3。

6 郭注曰：「強以仁義準繩於彼，彼將謂回欲毀人以自成也。」同註3，頁136。

7 王邦雄：〈莊子心齋「氣」觀念的詮釋問題〉，《淡江中文學報》第14期（2006

因此未消解的心知，必然將本為超越的「仁義」執著為經驗性
的「繩墨」，以此去律度裁量不同的生命，那就難免不菑人了。
「菑人」意謂「將災害帶給別人」，災害別人的人，別人必定加
以報復。所以仲尼斷定顏回此行不但將無化人淑世之功，反而
是替衛君與自己帶來雙向的傷害，最後令「治國去之，亂國就
之」的仁義之心，得到與期待上完全相反的諷刺性結局。必須
注意的是，上面這段引文的意涵，並不只是教人如何自保於不
被「反災」而已，它的另一面意思，也在提醒我們心知名言是
災人利器，對於「化人」的目的不但毫無幫助，反而有害。仲
尼接下來對顏回所舉兩種實踐方法的批評，便充分表露出這種
看法：

> 「雖然，若必有以也，嘗以語我來！」顏回曰：「端而虛，
> 勉而一，則可乎？」曰：「惡！惡可！夫以陽為充孔揚，
> 采色不定，常人之所不違，因案人之所感，以求容與其
> 心。名之曰日漸之德，不成，而況大德乎！將執而不化，
> 外合而內不訾，其庸詎可乎？」

> 「然則我內直而外曲，成而上比。內直者，與天為徒。
> 與天為徒者，知天子之與己皆天之所子，而獨以己言蘄
> 乎而人善之，蘄乎而人不善之邪？若然者，人謂之童子，
> 是之謂與天為徒。外曲者，與人之為徒也。擎跽曲拳，
> 人臣之禮也。人皆為之，吾敢不為邪！為人之所為者，
> 人亦無疵焉，是之謂與人為徒。成而上比者，與古為徒。

其言雖教讁之實也，古之有也，非吾有也。若然者，雖
直不為病，是之謂與古為徒。若是，則可乎？」仲尼曰：
「惡！惡可！太多政法而不諜，雖固亦無罪，雖然，止
是耳矣，夫胡可以及化！猶師心者也。」

在第一則引文裡，仲尼形容「端虛勉一」的方法是「因案人之
所感，以求容與其心」，可見這種作法雖然講的是「虛」、「一」，
仍然脫離不了心知的作用。呂吉甫因此云：

端而虛，非至虛也；勉而一，非至一也。驕滿於中，發
見於外，抑人所感，求快於心。小德猶不成，況大德乎！
以之格其君，不過外合內不貲而已，又何足以化彼夫？[8]

王船山亦以仲尼「雖然，若必有以也」的質問發揮類似的意思，
其言道：

詰其所「以」者，所以奪之也。至於未始有回，則又安
從有「以」哉？「以」者，乘人之無而鬭之，抑乘人所
「以」者之不善而鬭之，「以」生于心知，而非人心之有。
有「以」則作於其氣，而逆人之氣：以其端乘其邪，以
其虛乘其室，以其勉乘其惰，以其一乘其紛。「端勉」不
可也，「虛一」亦不可也。蓋端而虛，則非虛；勉而一，
則非一也。[9]

---

8 見焦竑：《莊子翼》，頁 43。
9 見《莊子解》，頁 37。

　　兩人的意見，都認為有「端、勉」作為前提，則「虛、一」便不能純粹，[10]是則不但無法擺脫執著，甚至反令「虛、一」工夫淪為「成心」的工具，而可能成為一種術用。

　　而在第二則引文中，仲尼指出顏回「三徒」的方法是「猶師心者也」，可見此法仍然不離心知的造作。仔細看看三徒之法的內容，雖然自我期許做個不斬褒貶的童子，但實際上此法通體卻充滿了計較：又是「為人之所為者，人亦無疵焉」，又是「古之有也，非吾有也。若然者，雖直不為病」，只顧著脫罪卸責，完全違背了「與天為徒」的「內直」之意；所以仲尼批評其為「太多政法而不諜」。「太多政法而不諜」，郭象注之曰：「當理無二，而張三條以政之，與事不冥也。」[11]成疏解釋道：「諜，條理也，當也。法苟當理，不俟多端，政設三條，大傷繁冗。於理不當，亦不安恬，故於何而可也？」[12]意謂實踐方法若與天理相契，則法理相即為一，何須三套應對世界的格準？需要動用到三套格準，顯然它們已是悖離天理的造作。所以郭象說：「挾三術以適彼，非無心而付之天下也。」[13]以三套格準來用世，必是實踐者未能修養至於「無心」之境，以致遇事無法付之天下、順物自然，此亦即仲尼指「三徒」之法為「猶師心者也」之原因。

10　鍾泰：「此皆與回論真實學問事。舊注以為指衛君說，大非也。」（見《莊子發微》，頁82。）吳怡對此亦有同樣的看法，見《新譯莊子內篇解義》，頁158。

11　同註3，頁145。

12　同前註。

13　同前註。

不管是「端虛勉一」還是「內直而外曲，成而上比」，顯然都離不開執著與分別，而皆為心知造作下的產物。以執心為根據而作出的判斷，必然對存在有所偏執和忽略，這雖讓天下人皆知美之為美、善之為善，但同時也必從萬物中逼顯（甚至可說是「製造」）出「醜」與「惡」來。這種割裂式的實踐，使治世之道只能適用於一曲之偏，而失去窮盡萬物的可能；「通天下一氣耳」（〈知北遊〉）一語中所描述之存在的一體性，就此支離破碎。在此宇宙觀之下所成立的實踐，莊子堅信絕不能達致周全的「化」；作為外王之道，它們不但是無效的，而且還會帶來傷害。所以既說「將執而不『化』，外合而內不訾，其庸詎可乎」，又說「止是耳矣，夫胡可以及『化』」，[14]此因主體之「執」而不能化物，僅外在求合而內免責難，故生命未有轉化；故而此二言中強烈地透露出對顏回化世方法的不以為然。

接著再看看〈應帝王〉中的例子。就篇題中有「帝王」二字來看，已可知此篇內容大體是在闡述為君之道，談論關於政治方面的理念。不過，與〈人間世〉一般，這種「闡述」也是在對有為治道的批判中完成的，因此與一般所言之「政治」，在性質上大不相同。我們可以透過以下二段文字，來瞭解其中差別：

> 有虞氏不及泰氏。有虞氏，其猶藏仁以要人；亦得人矣，
> 而未始出於非人。泰氏，其臥徐徐，其覺于於；一以己

---

14 郭注於此云：「罪則無矣，化則未也。」成疏則曰：「顏回化衛，止有是法，纔可獨善，未為濟時，故何可以及化也。」（同前註。）可知「化」字在此意為「感化」而非「造化」，「及化」乃是「及於化物」之意。

> 為馬，一以己為牛；其知情信，其德甚真，而未始入於
> 非人。

> 肩吾見狂接輿。狂接輿曰：「日中始何以語女？」肩吾曰：
> 「告我君人者，以己出經式義度，人孰敢不聽而化諸！」
> 狂接輿曰：「是欺德也；其於治天下也，猶涉海鑿河而使
> 蚊負山也。……」

第一則，莊子認為有虞氏（舜）的治理不及泰氏，原因在於有
虞氏的施政是「藏仁以要人」。成玄英言：「夫舜，包藏仁義，
要求士庶，以得百姓之心。」[15]所以「藏仁」是指心中懷藏「仁
義」作為尺度以判別是非善惡，並藉由對所判分出的「善」之
標榜，要求他人以此標準作為目的而追求之，認為這樣便能導
人回歸於善。不過，這種對於「善」的標榜，雖然能為實踐提
供督促力，讓人們行止有所依歸，但問題出在它是不全面的。
有「善」的具體標準，就有不能符合條件的人，那麼這種對「善
人」標榜，正是對那些不能符合標準之人的毀謗，這就是災人。
所以莊子批評有虞氏「未始出於非人」，意思是說有虞氏從未能
出離非毀他人之境。吳怡先生說：「這裡的『非人』，前人的解
釋很多，如林希逸指『天』，宣穎、陳壽昌指『物』，王叔岷指
『人性』，但連同後文的『入於非人』來解，都有顧此失彼，不
甚貼切。按『非人』，就以最簡單的原字義來解，乃指批評人，
也即人的相非。因為『藏仁以要人』，以仁為人，便不免用『仁』
去批評人。『未始出於非人』，即指仍然沒有超脫這種以仁為批

---

15 同前註，頁 288。

評別人的是非之見。」[16]關於「非人」一詞的解釋，歷來言人人殊，但吳氏的說法則能符合〈天下〉篇描述莊子「不譴是非，以與世俗處」之態度，也相應於〈齊物論〉「聖人和之以是非而休乎天鈞」之篇旨，故其說可從。在此解釋下，有虞氏之治道便顯得狹隘，而與泰氏無所不包的化成作用形成強烈對比：一是「藏仁以要人」，將成心偏執作為標準而裁削萬物，則難免戕賊真性之事。另一則是「其知情信，其德甚真」，以真德與天地相交感而知其情實，故不受限於非人之域。二者境界高下立判，「有虞氏不及泰氏」之議固是。

第二則，則更指出有為之治的不勝其任。「以己出經式義度，人孰敢不聽而化諸」的說法，事實上就是「藏仁以要人」一語的具體表現。「經式義度」是裁量萬物之價值標準，但此標準之構作，是在心上執定「仁」以為「經式」，再以經式作為義度，衡量行為的對錯。這就代表了有成心，是生命的異化，所以莊子批評道：「是欺德也」，意謂經式義度是欺誑之德，[17]不能作為治道的根據。「以己出經式義度」話中的「以己出」，意味著經式義度是從「己」中造作出來的，這個「己」就是「至人無己」(〈逍遙遊〉)的「己」，它是心知的「小成」，是侷限於「自彼則不見」(〈齊物論〉)的自以為「是」，從中而出的經式義度是沒有普遍性的。以這種沒有普遍性的尺度去要求萬物，結果就是「其於治天下也，猶涉海鑿河而使蚊負山也」。成玄英解釋道：「夫溟海弘博，深廣難窮，而穿之為河，必無成理。猶大道

---

[16] 同註10，頁277-278。

[17] 成疏：「夫以己制物，物喪其真，欺誑之德非實道。」同註3，頁291。

退曠，玄絕難知，而鑿之為義，其功難克。又畜蟲至小，山嶽極高，令其負荷，無由勝任。以智經綸，用仁理物，能小謀大，其義亦然。」[18]意思很明確，透過私智藏仁以圖經綸理物，乃是妄圖以經驗成心去把握玄絕難知的超越之道，成疏稱之曰「能小謀大」，是無由勝任的。所以郭象云：「以一身制天下，則功莫就而任不勝也。」[19]

除了內篇中的嚴詞批判，即使在外雜篇裡，莊子對有為之治的抨擊仍未稍歇。這樣的態度，可以透過外、雜篇的一些例子略窺梗概。譬如在外篇中有這麼一段：

> 馬，蹄可以踐霜雪，毛可以禦風寒。齕草飲水，翹足而陸，此馬之真性也。雖有義臺路寢，無所用之。及至伯樂，曰：「我善治馬。」燒之，剔之，刻之，雒之，連之以羈馽，編之以皁棧，馬之死者十二三矣。飢之，渴之，馳之，驟之，整之，齊之，前有橛飾之患，而後有鞭筴之威，而馬之死者已過半矣！陶者曰：「我善治埴。圓者中規，方者中矩。」匠人曰：「我善治木。曲者中鉤，直者應繩。」夫埴木之性，豈欲中規矩鉤繩哉？然且世世稱之曰：「伯樂善治馬，而陶匠善治埴木」，此亦治天下者之過也。（〈馬蹄〉）

〈馬蹄〉篇這段文字，是藉由對「治馬」工作的鮮明刻畫，強烈地控訴「治天下者」手段之殘忍以及不合理。馬兒齕草飲水、

---

18 同前註。
19 同前註。

翹足而陸，自在自足於真性之中，本來已是最理想的存在狀態。
惟伯樂者不甘寂寞，為了矜名自顯，硬是要將已經自足無虞的
馬抓來「治理」。燒之、剔之、刻之、雒之、連之、編之嫌不夠，
還要再飢之、渴之、馳之、驟之、整之、齊之、飾之、鞭之，
最後馬兒終於受不住整治，而死者過半。這裡看不到什麼「治
理」的好處，倒是令人見識不少冷酷的傷害；我們驚訝於所謂
的「善治馬者」，原來就是「善虐馬者」。於是這昭示了一個弔
詭的事實──治理反而是傷害。透過橛飾鞭筴與規矩鉤繩，只
能壓制裁割，這不但不能令萬物和諧圓滿，反而會使存在界四
分五裂；如此的作法根本算不上什麼「治理」，充其量只能說是
「挑剔」罷了。挑選合於自身標準的，剔除異於自己喜好的，
假如這就是所謂「善治」，那就無怪乎其治道不能周遍於萬物
了。引文中說得很好：「夫埴木之性，豈欲中規矩鉤繩哉？」這
是一句值得深思的提問。儘管道家相信一切存在都有其真性，
但德性天真卻無須用心知執著去宰制治理，因此要以心知設想
出的「規矩」去貞定萬物，是絕對無法勝任之事。強要去做，
也只是徒增傷害而已。所以在此才會沈重地指出這是「治天下
者之過」，而要施政者避免之。

此外，在雜篇裡，亦這麼一段文字：

> 古之君人者，以得為在民，以失為在己；以正為在民，
> 以枉為在己；故一形有失其形者，退而自責。今則不然，
> 匿為物而愚不識，大為難而罪不敢，重為任而罰不勝，
> 遠其塗而誅不至。民知力竭，則以偽繼之。日出多偽，

> 士民安取不偽！夫力不足則偽，知不足則欺，財不足則
> 盜。盜竊之行，於誰責而可乎？（〈則陽〉）

理想的君人者，是以人民之目的為目的、以人民之標準為標準，
使民自得自正。故凡物有失其形性者，[20]必是因人主擅立標準、
妄加干涉而致。所以郭象云：「君莫之失，則民自得矣。君莫之
枉，則民自正。夫物之形性何為而失哉？皆由人君撓之以至斯
患耳，故自責。」[21]人民之患，就在君人者的阻撓干涉；而君人
者的阻撓干涉，則一如〈馬蹄〉篇所言，總在於妄立標準強求
人民。故既有「匿為物」、「大為難」、「重為任」、「遠其塗」之
舉，便難免「不識」、「不敢」、「不勝」、「不至」之罪。因此人
民有不勝其任者，其因在於人主標榜聖智難能之事；人民力不
能至，最後只得繼之以欺偽盜竊之事。從這裡，我們亦可窺知
有為之治始終不能保證德福一致之因。「匿為物而愚不識」句，
郭注言：「反其性，匿也。」[22]成疏則言：「所作憲章，皆反物性。」
[23]以違逆物性之憲章責求百姓，乃是強人所難；不但是陷人民於
「不德」，也讓生命與「原本該有的幸福」（所受乎天）[24]脫鉤，
於是德福必不能相即為一。因為此時人民遵循之「德」根本不
是真性，而只是「欺德」（〈應帝王〉），其中並無存有的根據，
故禍福變化便不能與之相應。

---

[20] 鍾泰云：「『失其形』，言不獲其生也。」同註10，頁615。

[21] 同註3，第4冊，頁903。

[22] 同前註。

[23] 同前註。

[24] 此指〈養生主〉篇所云「保身」、「養親」、「盡年」等緣督以為經之可得者；
而在有為之治下，這些皆成為「求之在外者也」之屬。

（二）對「無為之道」的信心

相對於強立標準而殘賊真性的有為之治，道家理想中的治道則不論在「根據」或「方法」上都與之大相逕庭。《老子》中說：

> 有物混成，先天地生。寂兮寥兮，獨立而[25]不改，周行而不殆，可以為天下母。吾不知其名，字之曰道。（〈二十五章〉）

這段話指出道家的存有根源——「道」——的性質，可以用來概觀莊子治道的理論基礎。作為萬物根源的道，首先它是超越不可知的。河上公注：「寂者，無音聲。寥者，空無形。」[26]王弼則云：「寂寥，無形體也。」[27]所以道超越經驗、不可名狀，它不是心知的對象，故不可能拿來作可資依循的「標準」。就這一點，已是與有為治道在方法上最根本的分別。有為之治，必以「標準」之確立為前提，這「標準」對萬物而言必須是「決定」的；換句話說，是拿標準去決定存在。但道家的道，是生化萬物之母，包容萬物而不屬於其中，故超越於有形之上而不可知，因此無法作為可經驗的「標準」而被舉出。有標準的就是有形的，有形的就是受限制的，它必然是現象界中的相對存在，不可能具有絕對意義。所以老子的「道」，強調「獨立」與

---

25 「而」字據帛書乙本及河上公注本補，以與下句相對成文。蔣錫昌說：「『立』下當有『而』字，以與下句相對成文。」見《老子校詁》（臺北：東昇出版事業公司，1980 年），頁 167。

26 見《老子河上公注》，《老子四種》，頁 31。

27 見王弼：《老子注》，《老子四種》，頁 21。

「周行」的性質。王弼云：「無物之匹，故曰獨立也。返化終始，不失其常，故曰不改也。」又說：「周行無所不至而免殆，能生全大形也，故可以為天下母也。」[28]沒有「獨立」，表示陷落於現象界中，那不可能是「常」；不能「周行」，表示與萬物無關，則不足以為「母」。不能為常，不能為母，那如何能作為存有的依憑？所以在道家，實踐的根據不能在於具有標準性質的「經式義度」中，那是無可置疑的了。

在沒有規矩繩墨作為依據的情況下，所謂的「外王」事業在莊子思想中是可能的嗎？他所追求的「化」到底要如何實踐呢？從上文所引的老子語中可知，我們並不用懷疑道家實踐中「萬物之本體」的存在與否，「道」一直是超越地支持著萬物之存在的。只不過，道作為萬物之母的化生，是不生之生，是任萬物自生；道與萬物間的關係，並不是由上而下地「決定」的。莊子在〈逍遙遊〉中曾提到實踐必須「乘天地之正」的說法，這句話透過郭象的注解，就充分顯示「不生之生」的意義形態。其言道：

> 天地者，萬物之總名也。天地以萬物為體，而萬物必以自然為正。自然者，不為而自然者也。故大鵬之能高，斥鴳之能下，椿木之能長，朝菌之能短，凡此皆自然之所能，非為之所能也。不為而自能，所以為正也。故乘天地之正者，即是順萬物之性也；御六氣之辯者，即是遊變化之塗也。[29]

---

28 同前註。

29 同註3，頁20。

萬物雖不由外在條件（如「經式義度」）決定，但也不是沒有本體，天地自有其「正」。這個「正」，在此即稱為「自然」。自然與萬物的關係，是「不為而自然者也」──不決定，而使之自己如此。也因其不為而任萬物之自能，故方足以作為「天地之正」。因此郭象斷言道：「故乘天地之正者，即是順萬物之性也。」乘天地之正既是順萬物之性，而天地又是萬物之總名，那麼我們就可以說天地之正其實就是萬物之性的統合體，超越於萬物之上而涵攝萬物之存在。所以就此「天地之正」而言，它並不決定萬物，但也不是與萬物無關，它是萬物之所以能「成其自己」並「共成一天」者。能使萬物「成其自己」又相與「共成一天」，不就是「外王」的極致意義嗎？因此莊子的化世，不走「標舉價值以規範存在」的道路，而是總括地根據超越的本體，以令萬物實現其自我，而使百姓皆謂我自然。

老子說：「道可道，非常道；名可名，非常名。」（〈一章〉）「可道」與「可名」就是規矩鉤繩、經式義度。以可道可名來決定存在，不但是治道中的歧路，也是實現外王的障礙。道家認為，只要能消除名言標準對於世界的割裂，天地自然可恢復其整全，萬物自然能回歸其自性。所以老子也說：「為無為，則無不治。」（〈三章〉）「無為」是自老子以來道家對其方法的一般稱呼，它指涉的是「對於名言聖智的放棄」；但這個方法到了莊子手裡，則進一步深化為「對心知活動的解消」。在〈人間世〉有段堪稱是《莊子》中最重要的工夫論文字，其中即對解消心知的實踐有細緻描述：

> 仲尼曰:「若一志,無聽之以耳而聽之以心,無聽之以心
> 而聽之以氣。聽止於耳,心止於符。氣也者,虛而待物
> 者也。唯道集虛。虛者,心齋也」

由此可知莊子不但不信任耳目感官,甚至也不相信儒家工夫所
憑據的「心」。《孟子‧告子上》中說:「耳目之官不思,而蔽於
物;物交物,則引之而已矣。心之官則思,思則得之,不思則
不得也;此天之所與我者。」儒家深信「心」的「思理」作用,
認為其具有超越的根源,而可以作為引導生命的明燈。朱熹注
道:「心則能思,而以思為職。凡事物之來,心得其職,則得其
理,而物不能蔽。」[30]可以看出「心」在儒家工夫論中所扮演的
關鍵角色。但在莊子,心由於其「知」的作用而被視為不可信
賴,它只能要求外在事物符合自己的概念框架(心止於符),往
往因此扭曲事物的真貌。所以莊子不要人聽「心」,而要人聽
「氣」。「氣」在此指涉的是萬物的真實存在,「聽之以氣」就是
任物自然的工夫,故而郭象云:「遺耳目,去心意,而符氣性之
自得,此虛以待物者也。」[31]能夠順任萬物之自然,實際上就是
前文所述的「乘天地之正」,換句話說,吾心保持在虛而待物的
狀態,道便在吾心虛靜之下朗現,「集」是萬物來此依止停靠,
因此郭象才說:「虛其心,則至道集於懷也。」[32]虛而待物的「聽
氣」工夫,正是把握大道的不二法門,也是莊子外王實踐的唯
一途徑。

---

[30] 朱熹:《孟子集注》,《四書章句集注》,頁 469-470。
[31] 同註 3,頁 147。
[32] 同前註,頁 148。

　　對於「心齋」工夫在外王上的作用，《莊子》篇章中表現出極度的信心。在其思想體系中，「心知造作」似乎被認定是一切現實問題的癥結。心會有知的作用，而「知」的本質是「執」，「執」一定「著」，此有如「原罪」的存在。所以要解決問題，追本溯源就該消解「心知」的執著與人為的造作，恢復德性的自然作用。這是個釜底抽薪的辦法，可以令萬物回歸本有的理序，實現其最恰當的存在狀態，而達致理想的政治效果。故莊子言道：

> 夫徇耳目內通而外於心知，鬼神將來舍，而況人乎！是萬物之化也，禹、舜之紐也，伏戲、几蘧之所行終，而況散焉者乎！（〈人間世〉）

此一者使耳目官覺向內通達於心，二者又解消心知的執著，則無心天真便能與外物自然地感應，而將自身生命調整為最好的狀態。此處所謂「最好的狀態」，並不是只就實踐主體的立場而言之，而是包含了德性所相感的「萬物」而言，是對於「一切存在」來說的「最好」。因此這種內外相應的實踐工夫，莊子並不將之侷限為只是一種人生智慧而已，它更是一普遍於天地的造化之道，故其作用是「鬼神將來舍，而況人乎！」連鬼神都將來此依止停靠，更何況是人呢！此亦「唯道集虛」之意，故而說它「是萬物之化也，禹、舜之紐也，伏戲、几蘧之所行終。」「聽之以氣」的修養，實現的是天地萬物總體之存在；儘管其實踐根據是自身的內在德性，但此德性是透過作為總原理的「道」，而與萬物連結的。所以雖然是以主體的德性應對萬物，萬物也都能相與應和，無有其作用不及之處。〈齊物論〉中「堯

欲伐宗、膾、胥敖」的一段文字，就指出德性在作用上的必然
性。其云：

> 故昔者堯問於舜曰：「我欲伐宗、膾、胥敖，南面而不釋
> 然。其故何也？」舜曰：「夫三子者，猶存乎蓬艾之間。
> 若不釋然何哉！昔者十日並出，萬物皆照，而況德之進
> 乎日者乎！」

此一寓言有其理論背景，孔子曰：「天下有道，則禮樂征伐自天
子出。」(《論語‧季氏》)不接受禮樂教化，則出以征伐，否則
豈非徒有聖王之虛名而已？「其求實無已」就在堯出兵攻打三
小國，逼他們接受聖王的教化。舜因此提出「德之進乎日者」
的道理，勸堯與其向外征伐，還不如向內修德，德行修養可以
越過太陽。因為陽光熾熱灼傷人，而人的德行卻可以化解光照
熱力，內斂涵藏，可以「勝物而不傷」(〈應帝王〉)。顯然，堯
的聖王教化，在莊子認知中顯然屬於心知所造作的價值體系。
如前所述，造作而成的「標準」不可能具有普遍性，用以「要
人」，便難以避免動用刀兵；如此一來將令問題更形複雜，同時
也仍無法保證外王的徹底實現。若真要化人淑世，還是必須從
德行上著手，所以說「昔者十日並出，萬物皆照，而況德之進
乎日者乎」，德行之修養遍照萬物，而沒有十日遍照的殺傷力，
其對於萬物之生成作用，以道作為超越根據，是有必然性的。
因此循德以應物，可無不周之虞，「萬物皆照」強調了在「唯道
集虛」之下，外王實踐可以體現道生成萬物的絕對意義。即因
此故，莊子的「聖人之治」提出迥異於一般政治形態的關注方
向，主張「不治外」的「外王」。〈應帝王〉篇中言道：

> 夫聖人之治也，治外乎？正而後行，確乎能其事者而已
> 矣。且鳥高飛以避矰弋之害，鼷鼠深穴乎神丘之下以避
> 熏鑿之患，而曾二蟲之無知！

「夫聖人之治也，治外乎？正而後行，確乎能其事者而已矣。」
這是相當關鍵的一句話，它指出聖人之治並非從「治外」著手，
而是從「正生」做起。這裡用「正生」一詞，指的是自正其生，
是生命本質的自我實現。〈德充符〉有言：「幸能正生，以正眾
生」，〈人間世〉則曰：「古之至人，先存諸己而後存諸人」，對
照此處的「正而後行，確乎能其事者而已矣」，意思便不難領悟。
「正而後行」，成疏云：「順其正性而後行化」，[33]意謂順德性之
真，而後所行自能化物。吳怡先生對此描述道：「『正而後行』
的行，也是自然的行，即由內向外的流出。」[34]這形容得很傳神，
道家的「化」，正是由內在德性自然向外感潤而成。它既不強求
外物符合心知的名言框架，因而也不須構作經式義度，而只是
自求德性浮現，任其與外物相感相應罷了。莊子相信，透過這
種自然而然的「相應」，能喚出外物內在的真性良能，令其實現
為最恰當的存在狀態。鳥會高飛以避矰弋之害，鼷鼠能深穴以
避熏鑿之患，這就是德性之自然，根本無待於外來的教令。[35]只
要不阻擋鳥鼠之本性，其良能便足以趨吉避凶，而不須多作計
較安排。[36]依此而言，「外王」的工作，實際上便只是「確乎能

---

[33] 同前註，頁291。

[34] 同註10，頁279。

[35] 成疏：「汝不曾知此二蟲，不待教令，而解避害全身者乎？既深穴高飛，豈
無知耶！」同註3，頁292。

[36] 陸西星曰：「正謂正性，能謂良能；言人順性命之理而行自然，確乎有簡本

其事者而已矣」──讓萬物自能其事，根本不必有治於外。老
子說道：「清淨為天下正」（〈四十五章〉），又曰：「我無為而民
自化，我好靜而民自正」（〈五十七章〉）。唯有清靜無為，方能自
正其生；[37]亦因自正其生，纔可使民自正。這說法和「正而後行，
確乎能其事者而已矣」的觀念是一致的，都認為「治外」的周
全方法在於「自正」，德性的實現才是化成萬物的樞紐。必須釐
清的是，實現德性的意義並不在於以自身去「貞定萬物」，而是
在於使萬物「回歸自我」，德性天真在此僅是生發虛靜觀照的作
用。莊子治道中，治者對於被治者的關係是放開的成全，而非
教化的引導，故而彼此間不會產生衝突。聖人之治所以能勝任
萬物而兩不相傷，其理即在於此。

　　莊子理想中的聖人之治，以根據的內在性為起點，而以作
用的普遍性為終點。（正如老子所謂「獨立而不改，周行而不
殆。」）根據內在，故不會自我異化；作用普遍，故不致有所不
及。用莊子自己的話講，這就叫作「勝物而不傷」[38]（〈應帝王〉）
──既不能治不遍物，也不可自傷其生。我們認為這是莊子檢

　　分之能事，不必更以經義裁之。」見《莊子南華真經副墨》，頁302。

[37] 王弼云：「靜則全物之真，躁則犯物之性。」（〈四十五章注〉，同註27，頁
　　40。）可知清靜無為乃是全物真性之方法，唯有清靜無為，物之真性方可
　　實現。

[38] 陸西星云：「勝字平讀，言能任萬感也。」（同註36，頁315-316。）「勝」
　　字作「勝任」解，「物」是指「萬物」，「勝物」一詞涵蘊著對於萬物的普遍
　　性。故郭象解之曰：「雖天下之廣，而無勞神之累。」（同註3，頁309。）
　　《淮南鴻烈・覽冥》亦云：「故聖若鏡，不將不迎，應而不藏，故萬化而無
　　傷。」見劉文典：《淮南鴻烈集解》，頁200。

驗治道良窳的標準，其書論及治世化民，無不奉此以為圭臬。
譬如：

> 陽子居見老聃，曰：「有人於此，嚮疾彊梁，物徹疏明，
> 學道不倦。如是者，可比明王乎？」老聃曰：「是於聖人
> 也，胥易技係，勞形怵心者也。且也虎豹之文來田，蝯
> 狙之便、執斄之狗來藉。如是者，可比明王乎？」陽子
> 居蹴然曰：「敢問明王之治。」老聃曰：「明王之治，功
> 蓋天下而似不自己，化貸萬物而民弗恃；有莫舉名，使
> 物自喜；立乎不測，而遊於無有者也。」（〈應帝王〉）

這段文字，是對於道家理想的政治典範——「明王之治」——
的勾畫，藉由具代表性的道家人物老聃與陽子居（楊朱）來演
述其義理。其中值得關注的重點，在於它指出明王之治不僅是
「化貸萬物」的作用而已，並且還有施治者不為技能所繫役而
致勞形怵心的自我保存。這也就是說，聖人的治化，是物己雙
成之事，而非捨己為人之行。所以陽子居所標舉諸項世俗稱頌
的領導者條件，如「嚮疾彊梁、物徹疏明、學道不倦」等，老
聃一點兒也不認可。老聃認為這是以技能自累其身，有如虎豹
狙狗因其才能而遭禍害，自身不能免患的事實，證明了方法的
限制性。因此郭象的批評是：「此皆以其文章技能係累其身，非
涉虛以御乎無方也。」[39]林希逸也認為：「若以有為之學可以為
王者事，則是虎豹之類亦可比於明王矣。」[40]可見係累自身的有
為之學，不足以作為超越的普遍法則；能御萬方之道，也應當

---

[39] 同註3，頁296。
[40] 同註1，頁129。

包括著施治者自身的實現，如此物我皆全的施政，方堪稱為「明王之治」。因此「功蓋天下而似不自己，化貸萬物而民弗恃」的話語中，除了表達君王功成不居的理念外，「不自己」、「民弗恃」的說法還可以從另一個角度來理解：就是「『自己』與『萬物』不分，施治者同時也是受治者」的意義。君王唯有將自己同時亦視為百姓的一份子，不認為功從自己來，才有真正的放下。真正的放下，既不會宰制，又不會負累，老聃「胥易技係，勞形怵心者也」的批評也才能夠解消。否則，一個施治者若自外於天下，則縱使不至於作威作福，也必勞心怵形地自我困陷；這就不合於莊子「遊於無有」的政治理念了。

〈逍遙遊〉說：「至人無己。」〈齊物論〉則言：「古之人，其知有所至矣。惡乎至？有以為未始有物者，至矣，盡矣，不可以加矣！」物我不分的一體存在，是至人主體中所照現的世界樣貌。以此境界為基礎，明王之治才有實踐上的主觀依據。至人因為「無己」，所以也「無物」；或者反過來說，至知因為「未始有物」，所以也「未始有己」。在物我無隔的觀照下，萬物的存在意義才能被全盤地肯定，沒有任何一物會遭捨棄。因此前面引文中有所謂「功蓋天下」、「化貸萬物」之說，其意指著明王之治的「實現作用」是絕對普遍的，沒有任何存在上的限制。換句話說，在莊子的方法下（既是內聖也同時是外王的方法），所謂「命限」的觀念是不存在的，只要循著無為的原則，沒有不能實現之物。在此所言之「實現」，不僅止於主觀面的德性之顯發，還包括著客觀面的存在之成就；這是「正生」的結果，意謂著萬物在主客兩面都回歸其自己。所以在此理論脈絡

下，萬物若能自正其生，則「求之有道，得之有命」（〈孟子．盡心上〉）這類說法是無意義的。因為在莊子，本德天真的存全實現，乃「求則得之」之事，「道」與「命」在此是同一事。所以有德者必有福，甚至是有德者必有功——實現德性的真人，必然能全生保身，以至於化成萬物。〈逍遙遊〉裡頭對神人氣象的一番描繪，就頗能透顯此意義，其云：

> 藐姑射之山，有神人居焉，肌膚若冰雪，淖約若處子。不食五穀，吸風飲露。乘雲氣，御飛龍，而遊乎四海之外。其神凝，使物不疵癘而年穀熟。……之人也，之德也，將旁礴萬物以為一。世蘄乎亂，孰弊弊焉以天下為事！之人也，物莫之傷，大浸稽天而不溺，大旱金石流土山焦而不熱。是其塵垢粃糠，將猶陶鑄堯舜者也，孰肯以物為事！

張默生先生說：「文中的神人，是本段討論的主題，是以借喻道之功用的。」[41]藉此我們便可以窺見道德生化所能作用的各種可能範疇。「肌膚若冰雪，淖約若處子。不食五穀，吸風飲露」，是形容生命的純淨柔美；「乘雲氣，御飛龍，而遊乎四海之外」是譬喻主體的自在逍遙；「其神凝，使物不疵癘而年穀熟」則指出神凝德顯後成就萬物的作用。審視這些語辭，將會發現它們指謂的，其實就是純粹生命的自成成物，即前面所說至人的「先存諸己，而後存諸人」、「正生以正眾生」之作用。德性的發用，不但保證了自身的「盡其所受乎天」（〈大宗師〉），更要求著身

41　見張默生：《莊子新釋》，頁 85。

外的「物不疵癘」；所以不僅止於「物莫之傷」的自我保全，甚至「陶鑄堯舜」的化貸功業亦能實現。這種「化成」，由於動力來自於物之自身，神人之生命僅起著引出物之德性的「觸發」作用；所以儘管是塵垢秕糠之類的餘緒，只要它是出自於神人真實生命的展現，也足以陶鑄出堯舜事業來。[42]〈讓王〉云：「道之真以治身，其緒餘以為國家，其土苴以治天下。由此觀之，帝王之功，聖人之餘事也。」嚴格說來，治天下只是「餘事」，聖人根本無心治天下，而只是自正其生而已。真實生命展現了，天地萬物也回歸自然，而自得其正。由此可知，神人是以無心無為「作用的保存」萬物，「陶鑄堯舜」的外王事業因而對一切存在皆有其必然性。

（三）「道」與「命」相即為一

　　孔子說：「道之將行也與？命也！道之將廢也與？命也！」（〈憲問〉）如此的感嘆，基本上反映了儒家對於生命有限性之體會。「道的實現」在此與「命的現實」是相分離的；道的理想能否實現，有其時代氣運的限制。所以伯牛有疾時，孔子會難過地說：「亡之，命矣夫！斯人也而有斯疾也！斯人也而有斯疾也！」（〈雍也〉）「斯人也而有斯疾也」的感懷之詞，正透露了儒家在生命存在的問題上「道命分離」的體認。孟子說：「求則得之，舍則失之，是求有益於得也，求在我者也；求之有道，得之有命，是求無益於得也，求在外者也。」（〈盡心下〉）這段

---

[42] 林希逸云：「塵垢、秕糠，餘緒也。謂此人推其餘緒，可以做成堯舜事業，豈肯以事物為意！」同註1，頁9。

話可以視為「道命分離」觀念的一個重要註腳,為「求有益於得」與「求無益於得」的對象劃出清楚界線。在此分判中,凡是求「在外」者,即使求之有道,也未必得之有命,「求」與「得」之間只有偶然的關連;要說有求必得,那只有求「在我」的道德仁義才有可能。[43]因此「道之不行」的現實就此是可以理解的:因為「道行之於世」屬於「在外者」,求的既是「在外者」,那麼儘管有其道德人格,也未必保證大道的行之於世。有斯道而無斯命,這就叫「道命分離」。同樣的意思,勞思光先生則稱之為「義命分立」,認為這是「應然」與「必然」的區別。他解釋道:

> 就「義」而言,自然「道之行」合乎「義」,「道之廢」則不合乎「義」。但道之「應行」是一事;道之能否「行」,或將「廢」,則是事實問題,乃受客觀限制所決定者;故孔子謂道之行或不行,皆非人自身所能負責者,亦非反對者所能任意決定者。換言之,道之「行」或「不行」,是成敗問題;道之「應行」,則是價值是非問題。人所能負責者,只在於是非問題,而非成敗問題也。[44]

就此而言,道之行與不行是受客觀條件所決定者,只是「成敗」問題,道之應行則是價值是非問題;人所能負責者只在「是非」問題,而不能負責「成敗」問題。所以作為一種「求在外者」的福報,其結果是不能強求的;這也就是孟子「求之有道,得

---

[43] 參王邦雄、曾昭旭、楊祖漢:《孟子義理疏解》(臺北:鵝湖出版社,1998年),頁84-85。

[44] 見勞思光:《新編中國哲學史(一)》,頁137。

之有命」的意思。如此說來，儒家面對「道實現與否」的這些客觀世界的現實限制，是在「知命」中求其「立命」，其理論脈絡中沒有必然的保證。它頂多只能盡心著性，讓德性充顯於身，而對「大道之行」終究給不出必然性的保證。如此的理論形態，雖說是符合於理性的認識，但也背負著實踐者難以釋懷的遺憾。相對於這樣的方法效力，道家的實踐理論則顯現出一種消極性的必然要求。

莊子對於「命」有不少論述，不同於儒家的「道命分離」形態，莊子的「命」與「道」之間並沒有壁壘分明的相對性，而是呈現出「相即為一」的交集傾向。這也就是說，「道的應然」與「命的實然」兩個界域是相重合的，對於實踐的結果而言，沒有「道的作用」所不能負責者。儘管在《莊子》原典中，並不是沒出現過「不可奈何」這類似乎暗示著「命限」意義的字眼，但在特殊的意義脈絡中，這類字眼不見得只能表達「客觀限制」的意思，而可能具有其他的內涵。關於這一點，待於後文再加釐清；此處所要指出的，是莊子表述中所涵藏「道與命相即不悖」的觀念形態。

在《莊子》諸多關於「命」的談論中，根據徐復觀先生的判斷，以〈天地〉篇講述「道」創造歷程的一段文字最具基本的規定性，[45]其中對於「命」的起源與意涵是這麼表述的：

> 泰初有無，無有無名。一之所起，有一而未形。物得以生，謂之德；未形者有分，且然無間，謂之命；留動而

---

[45] 參閱徐復觀《中國人性論史——先秦篇》，頁 372-375。

> 生物，物成生理，謂之形；形體保神，各有儀則，謂之
> 性。

這段文字描述了萬物從無到有的創造歷程，在此歷程中，德與命都是由「一」分別而出，而各自作為不同領域的描述用語。「物得以生，謂之德」，「德」是得之於道，而作為物之存在所必須依據者；若沒有德，物便無法成就自己之存在。相對於德，「命」的界定則是「未形者有分，且然無間，謂之命。」成玄英對此注道：「雖未有形質，而受氣以有素分，然且此分脩短，慤乎更無閒隙，故謂之命。」[46]張默生則云：「分，去聲。言物當未形之時，已萬理皆具，尚且渾然無間者，謂之命。」[47]以上面二注對「未形者有分」的解釋來看，命大概是指物在未成形之前，已然稟受的脩短之分；而成疏中所下的「氣」字，更說明所謂「脩短之分」，指的是這個未形者在存在界中所具有的客觀條件。如此的解釋與傳統上的觀念並無太大出入，一般總是以「命」字作為對客觀限制的表述。但特別的是，莊子在「未形者有分」後面，還加了「且然無間」一句話，這就比較費解，歷來註解對此也多語焉不詳。如上面所引之二注，一說「慤乎更無閒隙」，一說「尚且渾然無間」，到底是哪兩物的「無間」？注中都未交代明白。在這一點上，林希逸《口義》的解釋便較具參考價值，其言曰：

> 未形者，言一所起之時也，若有分矣，而又分他不得，故曰且然無間。且然，猶且也，且字下常添一字。無間，

---

[46] 同註3，第2冊，頁425。
[47] 同註41，頁305。

> 便是渾然者；有分，便是粲然者。此命字即天命，謂性
> 之命。[48]

既是「渾然」又是「粲然」，則命之意義隱然呈露。說「渾然」，
則定是指「一」的萬物未形而言；那麼與之相對的「粲然」，則
必是就「命」的脩短之分而說。命既「有分」又「無間」，顯然
它有著兩方面的意義：一是指氣所稟受的修短之分，這是物在
存在上擁有的客觀條件；二是指與「未形之『一』」的同體性，
這意味著命只是「一」所呈現的某個面相。匯歸兩方面的意思，
「命」應該被看作只是「一」在存在上的「客觀面相」，而非與
「一」相對為二元的「客觀限制」。

這樣的看法，在徐復觀先生對「命」的闡釋中也得到支持。
他認為莊子沒有所謂「運命」與「天命」的分別，而只有一種
意義下的「命」。他說道：

> 然則莊子之所謂命，乃指人秉生之初，從「一」那裡所
> 分得的限度，即〈德充符〉所指出的「死生存亡窮達貧
> 富賢與不肖……」等而言。……莊子所說的命，並無運
> 命與天命的分別，他把賢不肖也屬之於命。把儒家劃歸
> 到人力範圍的，也劃分到命的範圍裡面去了。於是莊子
> 之所謂命，乃與他所說的德，所說的性，屬於同一範圍
> 的東西，即是把德在具體化中所現露出來的「事之變」，
> 即是把各種人生中人事中的不同現象，如壽夭貧富等，
> 稱之為命；命即是德在實現歷程中對於某人某物所分得

---

[48] 同註1，頁195。

　　的限度；這種限度稱之為命，在莊子乃說明這是命令而
　　應當服從，不可改易的意思。[49]

在這段相對具體的解釋中，他以為莊子的「命」是指人秉生之
初，從「一」那裡所分得的限度，基本的內容就是「死生、存
亡、窮達、貧富、賢與不肖、毀譽、飢渴、寒暑」（〈大宗師〉）
等條件，這也就是成玄英所言的「脩短之分」。這些存在上的客
觀條件，與未形之「一」是不能切割的，所以說「命」與「德」、
「性」都屬同一範圍的東西。以徐先生自己的話來說，命就是
「德在具體化中所現露出來的『事之變』」，或者說「德在實現
歷程中對於某人某物所分得的限度」，由此我們可以意識到：所
謂的命，它根本就是德的對外展現。假如我們說德是物的內在
根據，那麼命就可以說是物的外在顯現，兩者實是一體之兩面，
本來就沒有對立的可能性。如此說來，「天命」與「運命」當然
無須分別，因為在此理路中從頭到尾的實體都只是「一」，「應
然」與「實然」的二元劃分在此並不適用。就這樣的理解，我
們有必要為引文中「把儒家劃歸到人力範圍的，也劃分到命的
範圍裏面去」這句話作些釐清，這話有可能讓人誤以為莊子將
本屬於德性主體的內容，劃歸到缺乏主體能動性的「運命」（命
限）範圍裡面去，這樣解讀就會讓莊子的安命論陷入消極主義
的泥淖中。在「德命不分」的觀念下，與其說莊子將儒家劃入
人力範圍的事物歸之於命，不如說莊子讓儒家歸之於命的，也
都煥發出德性的光采。這樣一來，「歸諸於命」不但不消極，而
且還令存在展現出崇高的合目的性，避開心知的無謂干擾。因

---

[49] 同註 45，頁 375-376。

為儒家所謂「人力範圍的」，在道家一概視為「偽」，認為那是心知的執著，根本與作為目的性的「命」無關。所以順德而行的人生，命中儘管會有「賢與不肖」的客觀區別，但這些區別在此都是自然而然，因此宜被理解為目的，而非限制。

對於莊子之「命」這樣的解讀，除了徐復觀先生外，唐君毅先生也有類似的看法，認為莊子是「以命與性直接連說」。他指出「外篇」部分，〈駢拇〉有「不失其性命之情」、「任性命之情」之語，〈天運〉也有「安於性命之情」、「達於情而遂於命也」之說，〈達生〉更有「達生之情者，不務生之所無以為；達命之情者，不務知之所無奈何」、「始乎故，長乎性，成乎命」之類的提法；包括前面〈天地〉篇的那段引文，這些都是以性情與命連說。[50]他認為：

> 至於外篇之所以有上所引如天運、在宥、駢拇等篇所謂通性命為一之言，則此蓋為人所受之「命」，與人之所以受命之「生」（性），剋就其相遇之際上說，原可說為二而一，乃不可分之故。在吾人不以故滅命時，吾人之生與化同遊，而苊然直往，則吾自己之「生」與「命」，亦不可分。此即生與命之相成而不二。由此以推，則生之繼續於己，即命之相續於前，而於我生之相續，亦可名之為「命」之「且然無間」。再進一層，則不特吾之與天之新新之化相遇為命，而吾之此時之生，遇下一時之生，

50 見唐君毅：《中國哲學原論——導論篇》，頁 547-548。

> 或負我之先一時之生而前行，亦可謂我此時之生，所遭
> 遇之命。由是而吾之有生，即同有命之義。[51]

這段文字雖然繁複，語意倒不難明白。其意謂：當吾人不以「故」（經驗）干擾德性活動時，則「生」（德性）之活動是「芚然直往」而「與化同遊」的。換句話說，德性主體的全幅朗現，必然與天地大化相諧為一，實現出一個既是「自然」也是「必然」的歷程。就德而言，它是自然；但就命而論，它是必然。故而德性的相續實現，即等於命的連續開展，「生」（性）與「命」兩者實是相成不二而不可分者。

就此說來，在莊子理路中「德」與「命」是不可分割的一體兩面，且是一體並行。但在《莊子》篇章裡，我們也無法否認存在著某些暗示「命限」意義的字眼，挑戰了前述對「德—命」關係的理解。譬如：

> 天下有大戒二：其一，命也；其一，義也。子之愛親，命也。不可解於心；臣之事君，義也，無適而非君也。無所逃於天地之間，是之謂大戒。是以夫事其親者，不擇地而安之，孝之至也；夫事其君者，不擇事而安之，忠之盛也。自事其心者，哀樂不易施乎前，知其不可奈何而安之若命，德之至也。（〈人間世〉）

> 自狀其過以不當亡者眾，不狀其過以不當存者寡。知不可奈何而安之若命，唯有德者能之。（〈德充符〉）

---

51 同前註，頁 551-552。

這兩段話有相同的旨趣，因人間之事太多的「不可奈何」，故主張將「義」的承擔當作「命」一般來「安之」，並且認為只有修養至充分實現德性的人，才有辦法達至如此的生命境界。這些語句將「不可奈何」與「命」字相連結，是否意味著莊子是將「命」當作不可奈何的「限制」呢？要回答這個問題，首先必須分析「知其不可奈何而安之若命，德之至也」這句話的語意。既說要將不可奈何之事安之「若」命，那麼顯然「不可奈何」之事並不是「命」，因為不是命，才要嘗試將之視為「命」；所以「不可奈何」與「命」之間的意義是有距離的。其次，這句話也為自身的成立下了一個但書，就是「德之至也」、「唯有德者能之」的說法。意思是說，德性實現是能夠安之若命的條件，若非有德者，就無法將不可奈何之事視為命。很顯然地，德性的作用在此改變了主體領悟世界的方式，將原本被視為「不可奈何」的，轉化為「命中本有」的。這種德性對認識形態的「轉化」乍聽之下或覺新鮮，但其實我們對之並不陌生。〈大宗師〉中就有言道：「且有真人而後有真知」，指出有德真人在認識能力上的提升，讓本來只能把握現象的「心知」，升華為能夠觀照真實世界的「真知」。我們認為，前述之客觀對象由「不可奈何」到「命中本有」的轉化，即反映了認識能力由「心知」到「真知」的提升，這也意味著主體德性的作用其中。因此或許可以這樣來理解：「不可奈何」是事物在「心知」中呈顯的存在樣態，它相對於主觀的定向執著而表現為一種限制性；而相對的，「命」則是在「真知」觀照下的存有，它是德性的實現成果，因此表現為生命的本然。所以儘管引文中提到「子之愛親」與「臣之

事君」有著「命」、「義」的不同，但嚴格來講這不過是程度上的差異，只要它們還處於心知活動下，就一樣都是「不可奈何」。除非經過德性的轉化，將真知還照生命，不可奈何的「限制」才會被轉化為命的「本然」，無所逃於天地之間的「天下大戒」才會被一體接受為「命」。[52]

所以面對「知其不可奈何而安之若命」的說法，與其將之視為是「對限制性的強調」，還不如理解作「對限制性的消解」。因為這裡講的「命」，重點不在於強調我們對之「不可奈何」的那種無力感，而是在於它可以成為「生命本然」的莊嚴性。唐君毅先生有言道：

> 此種人在無可奈何之境中，所生出之「死生亦大矣，而不得與之變，雖天地覆墜，亦將不與之遺」之安命精神，其所嚮往者之積極之一面，即為「與造化者為人」，「天地與我並生，萬物與我為一」，而「遊乎天地之一氣，以命物之化，而守其宗」之精神。此命物之化之「命」，則為人之既達其所嚮往之「與造物者為人」時，所感之一種即在天亦在人之一種命也。[53]

徐復觀先生則說：

> 莊子的重視命，乃是把人生中的這些事之變，也安排到德與性方面去；安於這些事之變，即是安於德，安於性。所以他一再說「知其不可奈何，而安之若命，德之至也」。

---

[52] 見王邦雄：《走在莊子逍遙的路上》（臺北：臺灣商務印書館，2004 年），頁 51。

[53] 同註 50，頁 550。

> 他對命的觀念，是補德、性在人生中的漏洞，並加強德、
> 性在人生中的決定性。即是他之所以強調命，乃是要人
> 「無以人滅天，無以故滅命」。「故」，是後起的生活習慣。
> 由此可知命在本質上與德、性並無分別。[54]

兩位先生咸認為「命」在莊子有著積極的意義，與天道、德性的實現呈現正向關連，是屬於同質的東西。它不能被簡單的解讀成「生命的限制性」，一股腦兒放置到德性的對立面，而作為當被克服或超越的對象而存在。徐先生已經明確指出，命是「補德、性在人生中的漏洞，並加強德、性在人生中的決定性」，所以「命」觀念之提出對於德性的實現而言，非但沒有「限制性」的意義，反而是強調其客觀作用上的「決定性」。凡有斯德則有斯命，將德與命如此緊密相繫，反映出莊子思想的一種深層要求，即要求著客觀世界「必然地」回應德性的實現。換句話說，莊子不容許德性的作用落空，即使是在主觀的境界之外。因此這裡我們的說法讓莊子的「德性作用」跨出了主觀，而伸展於客觀的界域；它不只是主體心靈上的「安適」而已，而且還是外在世界的「和諧」，德與命在此是不可分割的統一體。

雖然莊子往往站在主觀的角度，總持地將德性的作用收攝於境界中來把握，但這並不就表示他否定德性對於客觀實有（objective reality）的作用。事實上，藉由前面對原典的闡釋，我們有理由相信莊子確實承認德性對實有世界的影響力，並且這個影響力還透過「對有為治道的批判」而被肯定為「絕對」

---

[54] 同註45，頁376。

的。說德性對實有世界具有「絕對的」影響，意思是指其作用沒有限制，不但作用於主體自身，也連帶作用於身外之物，故謂之「緣督以為經，可以保身、可以全生、可以養親、可以盡年」（〈養生主〉），這意味著內聖「必然地」保證了外王的實現。因此只要工夫之所在，就是德性之所顯，同樣也便是外王之所成。在這樣的理論脈絡下，不須另有一套應對世界的「處世」或「政治」之方法，實現德性的內聖工夫已經允諾了外王之完成。所以在莊子，實踐總從主體出發，即內聖而即外王，既境界而即實有，修養與應世兩者在此誠無分別。這樣的統一性貫串了《南華》全書，使得「修養」與「應世」之目的交融為同一範疇，而成為工夫實踐下的必然要求。

二、萬物一體的和諧觀

透過前文的論述，我們的目的在於指出：道家治道的提出，乃是以反省有為之治的「有限性」作為前提，所以要恰當理解莊子外王思想，必須注意到原典中對存在界之圓滿的「必然」要求，並意識到其背後所含藏的「普遍性」觀念。有這個意識，才能夠接上道家「常善救物，故無棄物」（〈老子‧二十七章〉）的應世態度，和為了落實此一態度，而採取「從作用把握實有」的工夫路向之意義。

所謂「有限性」問題，指的是治術執定於某一特殊價值方向，並將之立為施治標準（經式義度）所造成的價值封閉。在價值定於一尊時，實際上是用勉強的手段，將本屬相對的價值

拉抬到「絕對」的高度，這必限制或排除了許多不同形態的存有。於是萬物或者為配合儀度而失去本性，或者逸出軌則之外而被劃為特例，總之，有為之治總是令世界成為「有遺憾的」。因此在道家觀點中，有為治道所標榜的「德」都是不周全的，作為支撐治世儀則的內在價值，世界一定有某部分不為其所涵蓋。所以儘管實踐者兢兢業業地「求之有道」，仍未能免於「得之有命」的殘酷現實；在有為治術下，「道」與「命」終究是兩個不相重合的範疇，孔子「道之將行也與？命也！道之將廢也與？命也！」的慨嘆，就是最顯明的例子。

　　相對於儒家「求之有道，得之有命」這樣「道命分離」的遺憾，莊子態度是將德與命視為相即不離的一體，認為德性呈顯對等於圓滿世界的實現程度。所謂「通於一而萬事畢，無心得而鬼神服」(〈天地〉)，調和萬物的外王事業在此被收攝到內聖的作用之中，修養工夫與治世方法就此成了一事。所以從事政治根本不需要架漏牽補地張羅，只須無心而得，自能相契於大道而致萬事皆畢。[55]如此「易簡」的治道觀，超越了一般對於「政治」的認知(此即牟宗三先生所謂「神治境界」)[56]，其對於德性作用的強烈信心令人印象深刻。於是我們不得不進一步追問，究竟產生這種信心的根據何在？莊子僅憑主觀發出的德性來要求客觀的和諧，這種要求是可能的嗎？假使真有可能，

---

[55] 陳壽昌云：「一即天也。言所謂通於一者，非有心也，無心而得，斯為真得。至鬼神皆服，則純乎天矣！尚何事之不了哉？」見《南華真經正義·外篇》，頁 24。

[56] 見牟宗三：《政道與治道》，頁 30。

其可能性又是建立在什麼樣的理據上？這些根本性的問題，是我們在接受莊子道治思想前所必須先加以釐清的。

（一）怒者其誰？——萬籟背後的發動者

關於《莊子》描繪的理想治道我們已經說得很多，但若對之加以歸納，則可發現其中有兩個主要特徵：一是此治道對於萬物而言是絕對的，無有任何存在可以逸出其作用之外。二是實行此治道的唯一鑰匙在於施治者主體中的德，除此之外別無憑藉。這兩點作為道家外王思想的主要特徵，顯示著怎樣的意義呢？首先，說治道是「絕對的」，意味著承認有一個包羅萬物的實體（substance），萬物全體都作為這個實體的內容物而存在。莊子說：「夫道，覆載萬物者也，洋洋乎大哉！」（〈天地〉）有這樣的實體，才可能有一種治道能將一切存在物全數涵蓋，而毫無例外；於是才稱此治道是「絕對的」。所以可以說，透過含有絕對性意義的「命」概念，可以推論出與之相即的「道」含括萬有的事實；否則，若道並非包羅萬物，那麼必有某物是道之作用所不能及，這便與〈人間世〉所言「萬物之化、禹舜之紐」的描述相矛盾了。作為外王思想最高的範疇，「道」不可能是個只有半吊子作用的實體，它必定要能含括一切、作用於一切才行；假使不能如此，那它就不足以作為施治的終極根據了。

所以從萬物皆有相互和諧的可能性這一點來看，要否定一個涵括萬有的實體是不可能的，沒有這個實體來保證萬物的一體性，「外王之道」的客觀意義根本開不出來。唯有在萬物「皆

原於一」（〈天下〉）的意義下，「絕對治道」的觀念才說得通。
在這點上，〈齊物論〉的「萬竅怒呺」寓言最能表現道與萬物的
相對關係，而可以作為理解大道體用的理論模型。其文云：

> 夫大塊噫氣，其名為風。是唯無作，作則萬竅怒呺。而
> 獨不聞之翏翏乎？山林之畏隹，大木百圍之竅穴，似鼻、
> 似口、似耳、似枅、似圈、似臼、似窪者、似汙者；激
> 者、謞者、叱者、吸者、叫者、譹者、宎者、咬者。前
> 者唱於，而隨者唱喁；泠風則小和，飄風則大和。厲風
> 濟，則眾竅為虛，而獨不見之調調、之刁刁乎？

這是南郭子綦向顏成子游喻示「天籟」的文字，其中描繪了因
大塊噫氣而致萬竅怒呺之情狀。在長風吹襲之下，山林之畏隹
竅穴由於形狀不同，各自發出殊異的籟聲，但不管眾籟如何喧
鬧，傾耳聽來總是和諧的。文中「前者唱於，而隨者唱喁；泠
風則小和，飄風則大和」的描寫，充分說明萬籟的相諧。萬竅
各自怒呺卻得以相和，其原因並非偶然，而是由於它們的聲音
都源自於同一陣長風之故。「厲風濟，則眾竅為虛，而獨不見之
調調、之刁刁乎」一語，點出了和諧根據的所在。在宇宙長風
的吹奏之下，或疾或徐、是停是歇都內蘊著統一的節奏，故而
萬籟方得以相和為一；若萬竅受風各不相屬，那麼要形成和諧
的樂章恐怕便不可能。所以萬籟之「和」的事實，暗示了我們
大塊噫氣的存在。領悟了這點，才能進一步考慮「天籟」的意
涵。

　　對於萬籟之「和」的領悟，促使我們進一步去追究其背後
的協調者。「和諧」假使沒有根據，其實現是沒有必然保證的；

它的發生將會只是個偶然巧合，剎那間世界又轉回混亂一片。以莊子對萬物和諧的必然要求，不可能不肯定一個支撐和諧的根據。這個根據，在「萬竅怒呺」寓言裡就以「天籟」的名稱被指謂，它與有形的「地籟」、「人籟」相對，而居於超越的位階。其文云：

> 子遊曰：「地籟則眾竅是已，人籟則比竹是已，敢問天籟？」子綦曰：「夫吹萬不同，而使其自己也。咸其自取，怒者其誰邪？」（〈齊物論〉）

在瞭解地籟、人籟皆為長風鼓動下所發的竅音之後，子游進一步追問子綦之前提過的「天籟」為何物。子綦則以一句反詰來回答，巧妙地逼顯出萬籟背後的「天籟」之存在；並且透過此一逼問，也同時提示了天籟與萬籟之間的關係。「夫吹萬不同，而使其自己也。咸其自取，怒者其誰邪？」這段話應該分成兩部分來看：前半部指出萬籟之聲並非由外物所予，它們所發出的，就是由竅穴自身形狀而來的聲音，所以每個籟音都是獨特而不可取代的自然。而後半部則指出，這些籟音儘管是自取而有，但總須吹襲著使竅穴發聲的長風才有可能，因此萬籟背後必然是有一發動者存在的。聲音的發動者本身並沒有聲音，它只能透過竅穴才能有聲音；但也就是因為本身無聲，它才得以讓萬物自發其聲。天籟作為萬籟的發動者與協調者，象徵著支持萬物存在的「道」，它以無聲來創造萬籟，就如同道以無為來生化萬有一樣。透過萬籟的前唱後隨、樹枝的調調刁刁，可以

推知大塊噫氣的吹拂；同樣的，透過萬物自生自長、相生相成的作用，也可以領悟到其背後大道之活動。[57]

　　郭象說：「夫天籟者，豈復別有一物哉？即眾竅比竹之屬，接乎有生之類，會而共成一天耳。無既無矣，則不能生有；有之未生，又不能為生。然則生生者誰哉？塊然而自生耳。」[58]這說法究諸於我們上面提出的問題，就顯出值得商榷之處。萬物誠然也可能自本自根地「塊然自生」，但在客觀的意義上，「會而共成一天」將是難以實現的。所謂「共成一天」，意味著彼此和諧成為一體，假如這談論的不只是主觀中的境界，而是確實要求一種客觀上的秩序，那麼將「天籟」的實體意義去除掉是不可思議的。主觀中可以講「共成一天」，是因為萬物被觀者的主體意識收攝成為一體，萬物在此收攝中被有序化，因此才能在觀照中各得其位；主體意識此時就是起著「天」的作用。但這樣子講「天」只有主觀的意義，若將萬物放到客觀的政治場域來談，那主觀的有序化就一點作用也沒有了。這時我們需要一個客觀意義的「天」，它在實有的意義上統合著萬物，讓萬物

---

[57] 王邦雄先生說：「儘管莊子點出了『眾竅』、『比竹』的『咸其自取』，卻以『怒者其誰耶？！』來逼顯天籟。當你聽聞『萬竅怒呺』的大地交響樂時，有沒有想到那背後的發動者，會是誰呢？！此一根源性的思考，有兩重意涵：第一重是歎號，肯定有一發動者，第二重是問號，發動者又自我解消。因為道體沖虛，才給出了『咸其自取』的空間。此如同《老子‧四十章》所說的『天下萬物生於有，有生於無』，歎號的『怒者其誰』，是道的『有』；問號的『怒者其誰』，是道的『無』，天道憑藉又有又無的『玄』，而『妙』出萬物。這樣的『生』萬物，是不生之生，這樣的『主』萬物，也是不主之主。」見王邦雄：〈怒者其誰！？〉，《中央日報》副刊，2003 年 3 月 25日。

[58] 同註3，頁 50。

彼此互相協調，就像天籟讓萬竅怒呺彼此相互和諧一樣。如此
的統合，不是強制地決定，而是順著萬物自身條件而成就之，
這就叫「吹萬不同，而使其自己」；莊子其實說的很清楚，眾竅
雖然萬般不同，但卻是因為有風「吹」而方能使其「自己」，絕
不是沒有根由的「塊然自生」。「厲風濟，則眾竅為虛」這句話
尤其明白，烈風作則眾竅實，及其止則眾竅虛，大地長風對於
萬籟之音的生成意義是不言可喻的。

在〈內篇〉的敘述中，莊子儘管多從主觀的角度把握道體，
但此乃因為強調實踐的用意使然，並不能因此就認定他的「道」
沒有客觀實有的意義。我們在前文曾經提及莊子將其「心齋」
的實踐方法稱之為「萬物之化，禹舜之紐」（〈人間世〉），他認
為此法不但可以施用於人間世界，甚至連鬼神之域都必須服從
此一法則（「鬼神將來舍，而況人乎！」）。如此說法，顯然肯定
了治世方法的客觀性，承認它對於實有界確能發生作用。類似
的觀念，在〈大宗師〉篇裏又有更明白的表述。這段富有客觀
性意義的文字常為學者所提及，作為論述道之「客觀實有說」
的依據。其內容如下：

> 夫道，有情有信，無為無形；可傳而不可受，可得而不
> 可見；自本自根，未有天地，自古以固存；神鬼神帝，
> 生天生地；在太極之先而不為高，在六極之下而不為深，
> 先天地生而不為久，長於上古而不為老。狶韋氏得之，
> 以挈天地；伏戲氏得之，以襲氣母；維斗得之，終古不
> 忒；日月得之，終古不息；堪坏得之，以襲崑崙；馮夷
> 得之，以遊大川；肩吾得之，以處大山；黃帝得之，以

> 登雲天；顓頊得之，以處玄宮；禺強得之，立乎北極；
> 西王母得之，坐乎少廣，莫知其始，莫知其終；彭祖得
> 之，上及有虞，下及五伯；傅說得之，以相武丁，奄有
> 天下，乘東維、騎箕尾而比於列星。

這段文字就內容而言可以分為兩部分，從「夫道，有情有信」
到「長於上古而不為老」，談的是大道的體和用；而自「狶韋氏
得之」以下到文末，則主要是描寫古代聖賢達士[59]得道後與天地
萬物相諧和的情狀。先不談前半段所言道體與道用的內容如
何，只從後半段的敘述我們便可以得到一個印象：得道之人可
與天地大化達成最大的契合。透過此一契合，或者生命得以存
全，或者功業有所成就——這些作用從主體上講就是「養生」，
從客體上講則是「化世」——不管如何，這些目的之得以實現，
唯一憑藉的就是「萬物和諧」的必然性。只有肯定「和諧」是
存在界的必然歸向，「無為」工夫作為實踐外王的方法才有意
義。在這樣的肯定中，大道的「生成」意義就不得不被帶出來。
因為萬物要能和諧，必須彼此間有一種「先在的關連性」才有
可能，在這種關連性中萬物被聯繫成為一個有機體，因而確保
了每一存在的真實不虛。假使沒有這個保證，就可能出現某物
可有可無的情況；假若如此，那如何教人相信此物在世界中有
其「正生」（正確的位置和軌道）呢？若沒有「正生」，又要怎
麼認為它必然能與萬物相契合呢？所以在這個意義上，可以說

---

[59] 成疏云：「維斗，北斗也，為眾星綱維，故謂之維斗。忒，差也。」、「日月
　　光證於一道，故得終始照臨，竟無休息者也。」（同註3，頁249。）「維斗」
　　與「日月」乃天上星辰，與其他聖賢達士雖不屬同類，但就其得道而與萬
　　物相諧之意義而言，亦與其他諸例相同。

產生「先在的關連性」的實體「生成」了萬物，因為萬物是在其保證下才有真實的存在。若沒有這個實體，則和諧的發生將會只是偶然的；甚至這也不能稱作「和諧」，而只能叫「妥協」。因為「和」這個字意謂著其具有超越的根據，在實現上有必然性；而在經驗上發生的「不相衝突」之情形（妥協），由於沒有根據，便僅是曇花一現的偶然，無法期待發生第二次的可能。[60]

　　雖然道有著生成萬物的事實，但必須強調的是，這種「生成」並非以「決定萬物存在」的方式來作用。作為最高的實體，道的生成作用必須緊連著「萬竅怒呺」的寓言來理解。如同天籟透過自己的無聲來推動萬竅的發聲，道也是透過自身的無為來支持萬有的存在。所以引文中說「有情有信，無為無形」，「有情有信」指的是道具有實際的作用，[61]而「無為無形」則是描述道的超越性質；[62]沒有大道的超然無為，萬物絕對無法成其自己。因此所謂「神鬼神帝，生天生地」，說的儘管也是一種「創生」，卻絕非是「上帝按照自己的形象造人」這種「決定」意義的創生，而只是為萬物的存在給出空間，而「使其自己」罷了。給出空間，意指給出存在的可能性，事物方能在此可能性中表現自己。如同風作為萬籟的根源，從自身的「無」，給出萬物存

---

[60] 王邦雄先生說：「但是莊子告訴我們的：所有不同的聲音，都是來自於共同的源頭，都是『天籟』。所以我們說人物的天真，且人間和諧，老子叫『精之至也』、『和之至也』。人人真誠，相處才會相諧，只有通過真誠而來的和諧才是真的；否則不叫和諧，那叫妥協。妥協是不會長久的，現在是利害交關只好妥協，到明天又從頭來過。」同註52，頁50-51。

[61] 林希逸云：「情，實也；信，亦實也。」同註1，頁109。

[62] 釋德清云：「湛然常寂，故無為；超乎名相，故無形。」見憨山大師：《莊子內篇憨山註》，頁393。

在的可能空間，此之謂「有」。它給的是眾竅發出聲響的「可能
性」，而非眾竅發出的「聲音」；道的創生形態亦是如此，它作
為根源撐開了存在的可能，在萬物的一體性中給出空間，而使
得物事自生自長。所以說「自本自根，未有天地，自古以固存」，
又言「在太極之先而不為高，在六極之下而不為深，先天地生
而不為久，長於上古而不為老」，既是一切可能性的給予者，當
然在天地之先（超越時間），亦在六極之外（超越空間），時空
條件是道為萬物所開出的可能性，道自是超越於這些條件之
外。因而它一方面既起著生化萬物的實際作用，另一方面又具
備不可測知的超越性質，故曰：「可傳而不可受，可得而不可
見」。因為有作用，故可傳可得；因為無形質，故不可受不可見；
[63]在不可授與不可見的「無」中，給出可傳、可得的「有」。道
的生成，就在這般不干涉的形態下發揮其作用。

（二）由主觀而客觀的治化作用

　　將莊子的道以「客觀實有」的形態加以理解，雖是傳統以
來莊學詮釋的大宗，但在近代卻頗受學者質疑。在這方面最重
要的論述，當屬牟宗三先生的「主觀境界」說。牟氏根據向郭
注之義理，認為莊子的「自然」概念不能落在客觀之事物上講，
因為這些事物正好都是有待之「他然」，而非自足無待者。所以

---

[63] 鍾泰云：「『有情有信，無為無形』，即〈齊物論〉所云『若有真宰，而特不
　　得其朕；可行己信，而不見其形，有情而無形』也。特彼即心而言之，故
　　號曰真宰、真君，此則別於心而言之，故曰道也。惟『有情有信』，故可傳
　　可得。惟『無為無形』，故不可受不可見。」同註10，頁144。

作為自然之另名的「道」當歸屬於「境界」形態，莊子是將老
子客觀姿態化掉而前進者。他這麼說：

> 莊子以其芒忽恣縱之辯證的描述，辯證的融化，將老子
> 之分解的系統化而為一大詭辭，將其道之客觀性、實體
> 性，從天地萬物之背後翻上來浮在境界上而化除，從客
> 觀面收進來統攝於主觀境界上而化除，依是，道、無、
> 一、自然，俱從客觀方面天地萬物之背後翻上來收進來
> 而自主觀境界上講。[64]

牟氏在此指出的，是莊子以主觀境界的角度來把握道的內涵，
而不以分解的方式將之表述為客觀的實體。光就這段文字所呈
現的來看，「主觀境界」似乎只是指莊子對於道的「表述角度」，
而不涉及道自身的實際形態。假若其意是如此，則主觀境界說
其實並未排斥客觀實有說，兩者僅是表述觀點的差異；這是關
於「道相」的問題，並不牽涉到「道體」的性質，[65]因此二說是
可以相容並存的。不過，在涉及郭注的解釋時，牟氏似又強化
了主觀境界作為道體本身性質的意思，傾向認為道只是一「意
義」或「境界」：

---

[64] 見牟宗三：《才性與玄理》，頁 178。

[65] 「道體」與「道相」二詞之意義，乃根據傅偉勳先生對於《老子》文字脈絡
的分析。其言道：「所謂的『道體』即指超形上學的（超越任何形上學人為
思辨的）隱而不顯的『道』本身；所謂『道相』則是老子退而求其次，經
由日常觀察與生命體驗的形上學深化，去權且猜描道體而所彰顯的樣相狀
貌。」（見《從創造的詮釋學到大乘佛學》〔臺北：東大圖書股份有限公司，
1999 年〕，頁 24-25。）此言雖是以《老子》為例而發，但由於並不涉及「道」
本身的內涵，故可視為一般的形上學區分架構。

> 天籟並非一物，只是一「意義」，一「境界」。此意義，
> 此境界，即就「吹萬不同」之自己、自取、而暗示之，
> 故即「自然」也。……天籟即就此「自然」而說，故是
> 一「意義」，一「境界」，而郭注亦說：「即眾竅比竹之屬，
> 接乎有生之類，會而共成一天耳」。「會而共成一天」，即
> 個個圓滿具足，自己而然。天融解於萬物之自然，而並
> 非獨立之一物。故「逍遙遊」注云：「天地者萬物之總名
> 也」。而此注亦云：「天者萬物之總名也」。天或天地被拆
> 掉，即就萬物之自然而言天，此即天籟耳。[66]

這是將象徵道體的「天籟」規定為「境界」，認為其乃萬物自然
之「總名」，而非獨立實有之一物。如此一來，「道」的實體意
涵便消解於萬物之個別存在中。最後，他將道家道體之性質總
結為以下的說法：

> 道家實有層上實有這個概念是從主觀作用上的境界而透
> 顯出來，或者說是透映出來而置定在那裡以為客觀的實
> 有，好像真有一個東西（本體）叫做「無」。其實這個置
> 定根本是虛妄，是一個姿態。這樣的形上學根本不像西
> 方，一開始就從客觀的存在著眼，進而從事於分析，要
> 分析出一個實有。因此我們要知道道家的無不是西方存
> 有論上的一個存有論的概念，而是修養境界上的一個虛
> 一而靜的境界。[67]

---

[66] 同註 64，頁 198。
[67] 見牟宗三：《中國哲學十九講》，頁 131-132。

其意謂道家的「無」(道),[68]是一個由主觀境界往外投射而置定在實有世界的本體,這個「本體」並無自身的實有性,而只是一種虛表的「姿態」。因此牟氏特別強調「無」並非西方存有論意義的概念,而是「修養境界上的一個虛一而靜的境界」。援引至此,已可知他傾向於否定道的實有意義,而將之理解為由主觀「透映出來而置定在那裡以為客觀的實有」。由於這針對道家整體而發的一般性判斷,故可知莊子的道在牟氏詮釋中,乃是一個不具實有意義的「虛位」本體。

將道體釋為「境界」或「姿態」,固然適應於佔《莊子》絕大多數篇幅的「生命哲學」主題,但在應對處世或政治方面的課題時,這樣的詮釋體系就不得不面臨挑戰。這挑戰來自於原典中一個自始至終未曾消失的關懷:「外王」的實現如何可能?具有《莊子》後敘地位的〈天下〉篇,一開頭論及道的「神明」作用時就說:「聖有所生,王有所成,皆原於一」,明白表示「王之所成」乃是道家實踐課題的重要部分,因而方提出「內聖外王」一詞以描述大道的作用範疇。在此理念之下,《莊》書在多個篇章中不斷重申對於「化世」的強烈要求。以內篇而言,看看〈人間世〉中孔子與顏回的對話,他們討論的可不只是主觀的安適之道而已,而是更進一步地考慮到理想治化的實現問題,「胡可以及化」這句提問,將外王的必然要求表露無遺。〈應帝王〉中也說道:「明王之治,功蓋天下而似不自己,化貸萬物

---

68 牟宗三云:「道要通過無來瞭解,以無來做本,做本體,『無名天地之始,有名萬物之母。』這個『無』是從我們主觀心境上講,(主觀心境不是心理學的,而是實踐的)。」同前註,頁131。

而民弗恃」,「功蓋天下」與「化貸萬物」的具體成就,顯然亦
非「境界」一詞所能盡。從這些言及「外王」的陳述中可以體
認到,莊子對於「和諧」的要求是關涉著客觀萬物的,假使作
為和諧根據的道只能是主觀中的「境界」,那麼其作用在客觀世
界中便沒有保證。換句話說,道假使不具客觀實有的意義,則
它能否跨出主觀、產生客觀上的實際作用便很可疑。一個主觀
「境界」如何能夠保證外王實現呢?這個質疑的提出,並不意
味著全盤否定主觀心境對客觀世界產生正面影響的可能性,但
必須強調的是,光憑主觀境界,是無法對客觀世界的和諧作出
「必然保證」的。原典中不斷提及道德的體現者(真人),在治
化世界時沒有客觀限制(命限)的事實;[69]由此可知,道保證了
和諧世界的必然實現。對其而言,生命之「真」就等於作用之
「神」,掌握了「禹舜之紐」,則鬼神必將來舍(〈人間世〉)。如
此的必然性要求,只以主觀境界為體的「道」是無法回應的;
一定得有個能作用於客觀世界的實體作為依據,無為治道的客
觀必然性才得以確立。

　　當然,以道為實有形態的詮釋,並非沒有商榷的餘地。事
實上,牟宗三先生的主觀境界說就是因為不滿實有形態在認識
上的片面性而提出。[70]以這樣的質疑為核心,學者對於實有之道

69　譬如〈逍遙遊〉中有「之人也,物莫之傷,大浸稽天而不溺,大旱金石流、
　　土山焦而不熱;是其塵垢秕糠,將猶陶鑄堯舜者也」的記述,〈秋水〉則有
　　「至德者,火弗能熱,水弗能溺,寒暑弗能害,禽獸弗能賊」之描寫,這
　　類說法分佈於莊子各篇中,皆強調了至人生命與大化相諧而無有客觀限制
　　的特徵。

70　牟宗三先生云:「……既成的事實世界則一定而不可移,此則名曰定性世
　　界。而若此定性世界是康德意義的現象,則現象畢竟亦是對應我們的感性

的質疑不曾稍歇，在此以高柏園先生歸納的三個關鍵性問題作為代表，[71]整理後條列於下：

1. 人的認識能力如何認識超越的實有之道？

2. 實然之道何以是應然之理、價值之理？

3. 在實然之道下如何安頓工夫修養的意義？

首先看第一個問題，人的認識能力如何認識超越的實有之道？這是在邏輯上首當其衝的質疑。道作為一個超乎時空的實體，人類以其受侷限的認識能力顯然無法直接經驗之，於是「如何認識道」便成為客觀實有說最根本性的難題。其次，即使人類能夠以知性認識超越的實有之道，則此「道」也不過是實然世界的實然之理，何以能成為應然價值而要求萬物遵行？再者，就算實然之理也即是應然之理，則現實的存在已是理想狀態，那麼《莊子》遍書俯拾皆是的工夫論述又有什麼意義？這三個問題，分別從認識論、價值論及工夫論三方面角度切入，作為對客觀實有說的批判，顯然是有力而周全的。

假使以道為純然的客觀外在，而與主觀無任何牽涉，那麼面對這些問題時便很難自圓其說。但是在此卻沒有這個困難，

與知性而為現象，因此，它為定性世界是依我們的定性感性與定性知性而為定性世界，上帝原不創造現象（依康德）；而若我們的感性與知性不是定性的，而是可轉的（例如轉識成智），其為可轉是依人不是定性眾生，即不是依人類學而看的人，而為可轉，則現象之為定性世界亦是可定而可不定的，可使之有亦可使之無。」（同註67，頁130-131。）由於上帝不創造現象，故立足於感性與知性的現象之知不足以作為客觀「定性世界」的基礎，因而由此知性所把握的對象其實未必是「定性」的，而只是片面認識能力下的產物。

[71] 見高柏園：《莊子內七篇思想研究》（臺北：文津出版社，2000年），頁188-190。

因為以本文的觀點，雖然支持道是一個作用能及於客觀世界的實體，但卻並不否定它在人的主觀中呈現為境界的可能。換言之，我們認為「客觀實有」與「主觀境界」不應視為相互排斥，兩者是可以並容的。作為一個作用能及於萬物實有的本體，道不能沒有客觀性格，但作為一個可由主體修證而被把握的超越者，道則必須紮根於主觀之中。所以依莊子對修養進路「由內聖而外王」的表述來看，道「由主而客」的通貫性是不可否認的。於是不論將道歸屬於「主觀」抑或「客觀」的任一方，似乎皆不能完整地展現莊子之「道」的內涵。

以道為具有「由主而客的通貫性」，意即認為主觀境界所朗現的就是客觀世界的真實面貌；就此而言，主觀的觀照也即是智的直覺（intellectual intuition）。在此直覺之中，萬物並不呈顯為「現象」，而是直呈其「物自身」（thing-in-itself）。所以此意義下說的「客觀實有」，並非意指現象界因果關係下的「實然」，而是指物各如如的「自然」；於是在此便沒有所謂「實然」與「應然」對立的問題，而只有作為價值根源的「自然」。由此可知，對於「客觀實有」一詞，未必非得用現象意義下的「現實」去理解不可，它可以只作為「物之在其自己」的「自然」義去把握。於是即使同謂之「實有」，也有「真實」（truth）與「現實」（fact）的差別，這其間的距離，就是工夫修養所要作用的場域。透過修養，可以讓現實回歸到真實，失落的價值與秩序即因而得以實現。

莊子形容真人是「淒然似秋，煖然似春，喜怒通四時，與物有宜，而莫知其極」（〈大宗師〉），這段話為真人自內而外的

治化作用做出極好的描繪，其中「喜怒通四時，與物有宜」兩句話尤其值得深體。真人之喜怒哀樂與四時變化相感通，所作所為無不與萬物相諧而得其宜，故云「與物有宜」，這正是道家外王的實現方式。惟此「宜」字不僅意指隨順外物之「宜便」，[72]它更是照現萬物真實的「正生」。〈德充符〉說：「唯止能止眾止」，又說：「幸能正生，以正眾生」，真人與萬物的互相適宜，不是委屈配合的隨順，而是真實生命的相應；這種「相應」本諸於天，乃是萬物存有真正的宜當。郭象云：「德充於內，物應於外，外內玄合，信若符命，而遺其形骸也。」[73]德與物的內外相應原理，是莊子外王思想的理論根據，而「外內玄合，信若符命」如此之必然性，則昭示了此一原理的先驗性格。在必須肯定「外王」對客觀世界具有實際作用的前提下，承認先驗之道有其客觀性是免不了的，它必須是個實有的超越體；不然在必然作用不能及於客觀世界的狀況下，主觀上的「與物有宜」與阿Q精神就將難以區別了。不過承認道有客觀性，並不意味否定其在主觀中展現為境界的事實，如同莊子描述真人以喜怒與四時相通氣，作用於外界的治道離不開主觀心境的發動。真人之心淒然似秋、煖然似春，則其喜怒即向外感應於四時萬物，而與之相得其宜。境界開顯是實現天道的根據，離開了主觀境

---

[72] 一般「宜」字往往解為「隨順外物」之意，如成玄英：「真人應世，赴感隨時，與物交涉，必有宜便」（同註3，頁232。）、憨山：「無心於喜怒，但隨物所感，或喜或怒，了無一定於中」（同註61，頁380。），或曹礎基：「能相配合」（見《莊子淺注》〔北京：中華書局，2002年〕，頁88。）等等。

[73] 同註3，頁187。

界的朗現，「道」就只是個空洞名詞，對生命主體而言成為一個
完全不可知的東西。

（三）「即內聖即外王」如何可能

在涉及處理客觀世界問題的領域上，先秦諸子都儘可能提
出多方的解決途徑，先不論墨、法、名、陰陽這些不談主體實
踐的學派在治世方法上如何地名目繁多，即使是強調「修己以
安人」的儒家，其發諸仁心的仁政亦至「禮儀三百、威儀三千」
（〈大戴禮記‧衛將軍文子〉），禮樂典制繁複到浩如煙海。相較
於諸子在政教領域的多方施設，道家在外王方法上則顯得簡單
許多，尤其在莊子，甚至可以用「付之闕如」一詞來形容。在
以「政治」或「處世」為目的而提出的方法上，莊子並無建構
一套體系的意圖，反而是原典中處處可見他對「經式義度」的
批判與解構。由此看來，莊子似乎是不打算在「淑世」的向度
上有任何施為了。假使如此，那麼前文所論證的——「原典中
具有對外王的必然要求」——這樣的命題該如何去理解呢？對
明王之治「化貸萬物、功蓋天下」如此肯定的標榜，難道只是
一場空談嗎？假使這一切並非空談，那麼不談外王方法的「外
王」，到底是如何可能呢？

要妥善回應這些質問，在莊學研究上的確是一椿難題。事
實上，就有些學者因此認為莊子是沒有外王思想的，而只有對
主體生命的關懷。[74]確實，若只就方法論的層面來看，他並沒有

---

[74] 譬如劉笑敢先生說：「莊子對社會現實的根本感受決定了他的思想中心不可
能是如何維護社會現實或改造社會現實，而是如何『僅免刑焉』。」見《莊
子哲學及其演變》（北京：中國社會科學出版社，1988年），頁243。

提出任何有關於政教制度的建構；但如果從形上學的角度著眼，則莊學是徹頭徹尾地關懷著存在界整體秩序的。因為作為本體的道，莊子一開始就把它表述為作用於一切存在，並與萬物變化息息相關的超越者。換句話說，萬物存在的範圍就是道作用的範圍，萬物活動的方式就是道的作用方式。就前者而言，當東郭子問「所謂道，惡乎在」時，莊子的回答是：「無所不在」。從螻蟻、稊稗、瓦甓到屎溺，道的顯現是無乎逃物且每下愈況。（〈知北遊〉）就後者而論，子來喘喘然將死，子犁則稱：「偉哉造化！又將奚以汝為，將奚以汝適？以汝為鼠肝乎？以汝為蟲臂乎？」並以大冶鑄金為喻，闡明「天地為大爐，造化為大冶」之理。（〈大宗師〉）因此道既包涵著萬物，也推動著萬物；既是存有的根源，也是遷化的動力。在這樣的理解為前提之下，莊子的形上思想就不僅是描述存有根據的形上思維而已，它還強調形上本體內蘊著善化世界的自發性，而為化世的目的提供一種超越知解的實現途徑。

雖然「造化為大冶」一語表現了道對萬物的推動與生化，但這並非意謂有隻上帝的手伸進世界來創造萬物，讓一切按祂的意思存在。道家的實現原理（道）最重要的特徵是：它對存在而言是「不決定的」，它讓萬物自得其生、自己實現自己，而不是以「上帝按自己形象造人」的方式。道家典籍千言萬語，主要便是在說明這「無為」的道理而已。不過，既然萬物能夠自我實現，那麼何必還需要一個無所作為的虛設之「道」呢？李約瑟（Joseph Needham）先生在探討中國人的世界模式時，就

曾經嘗試擺脫這種「萬物本體」的觀念，而強調個別存在的自主性。他這樣描述萬物的活動：

> 它是一幅極其嚴整有序的宇宙圖像，在其中，萬物「間不容髮」地相應合。……這是由種種意志自行合成的、無人賦予的有序和諧，就像民間造型舞蹈中的舞蹈者自發的但（就造型來說）卻是有序的活動，沒有一個人受規則約束去做他們所做的動作，也沒有跟在後面的人的推動，而是由眾意志的自願和諧的合作。[75]

說萬物的活動具有「自發」與「和諧」的性質固然十分接近道家的宇宙觀，但假使認為這「萬物間不容髮地相應合」是由種種意志「自行合成」而完全不需要一個超越的協調者，那麼就未免太過浪漫。萬物咸其自取確實彰顯了生命的自由自主，但應該注意到，單純的「自由」概念中並不包含著「和諧」的意涵，若萬物皆依己意而行，最可能的結果是彼此相互衝突而導致世界混亂不堪（除非「自由」概念如康德般內在地含有「自律」的意義）。因此嚴格來說，李約瑟描述的這種世界觀莫說是道家，即使在中國傳統中恐怕也是不存在的。以道家而言，不可能接受「不和諧」作為世界的本然狀態，故而在「自由」之上，必須還要有一先在的統合者，將萬物保證為一個相互關連、且互為目的之有機整體。這「統合者」對於萬物而言或許是超越經驗的，但它絕非不存在，而總是在其作用中實現萬物之存

---

[75] 見李約瑟：《中國科學技術史（Ⅱ）》（臺北：敦煌書局，1985 年），頁 287。此譯文乃大體參照杜維明先生之譯文而加以補充之。參《儒家思想》（臺北：東大圖書股份有限公司，1997 年），頁 35。

有。所以〈齊物論〉以百骸九竅賅於一身為喻，以逼顯出此「統合者」之存在。其言曰：

> 非彼無我，非我無所取。是亦近矣，而不知其所為使。若有真宰，而特不得其朕。可行己信，而不見其形，有情而無形。百骸、九竅、六藏，賅而存焉，吾誰與為親？汝皆說之乎？其有私焉？如是皆有為臣妾乎？其臣妾不足以相治乎？其遞相為君臣乎？其有真君存焉？如求得其情與不得，無益損乎其真。

百骸、九竅、六藏賅於一身而存在，彼此的運作配合無間。若說這其中有一官作主以統合百體，則事實上找不到其實體；但若要說其中並無作主者，那麼這一身的「配合無間」又如何可能？要說是百骸共治而皆為臣妾，則在缺乏協調的狀況下，要達成有序和諧恐怕是不可能的；而若要百骸輪流交替為君臣佐使，則那樣的身體運作方式簡直不可思議。不管如何，即使找不到作主官能的實體，也不能否認百骸、九竅、六藏的運作中蘊含著和諧的規律；從這個「協調百體」的作用中，我們就必須肯定有一個作主於其間的「真宰」之存在。有此「真宰」作為根據，百骸九竅才可能「賅而存焉」（備於一體而各存其有），[76]而不致因各自為政而淪於支離破碎。

因此以道為存有之根源，其意義並不在它能「雕塑」萬物，而在於它能「成全」萬物。這個「成全」的意思是指能將事物納入世界的「一體性」中，而為其存在給出位子；只有在世界

---

76 成疏云：「賅，備也。言體骨在外，藏腑在內，竅通內外。備此三事以成一身，故言存。」同註3，頁57。

的一體性中有其位子，此物的存在才有其必然性，萬物的和諧
穩定也才有可能。〈齊物論〉說：「物固有所然，物固有所可；
無物不然，無物不可。故為是舉莛與楹，厲與西施，恢恑憰怪，
道通為一。」在通為「一體」的世界中，沒有一物是多餘的，
萬物皆透過「道」而獲得其存在上的必然性（「可」與「然」）。
恢、恑、憰、怪之物，不管多麼邊緣於主流價值，它們也都因
為「道」而成為不可或缺的存在。假使沒有「道」來做這樣的
保證，則事物便會可有可無，那麼萬物間的穩定關係根本不可
能成立，世界的和諧也就缺乏必然性。一支交響樂團，假如其
中樂手可以突然被抽掉，怎麼教人相信該樂團能奏出和諧音樂
呢？就算真能演奏出和諧樂曲，那也是曲子剛好不須用到那些
被抽走的樂器而已。這種「契合」的出現根本就是偶然，因此
也沒有方法可以達致。若要樂團能恆定地演奏和諧樂曲，則樂
團的任一樂手都是不可或缺的，每個樂手在自己的位置上克盡
其職，方能實現交響樂章的一體和諧。以這個譬喻來類比道家
的世界圖式，就能較容易地理解「道」對於「萬物」的意義。
道在此並不決定某個樂器，也不決定某個樂音，但它先在地統
合所有聲響，讓整首樂曲的「協調一致」成為可能。這意思就
如同〈齊物論〉中「萬竅怒呺」寓言所喻示的一般：大塊噫氣
作為萬竅怒呺的根源，它既不決定竅穴形狀，也不幫竅穴發聲；
萬籟之音完全是依竅穴自身形狀而決定，它們的聲音是「自取」
的。宇宙長風吹拂萬竅，其作用並不在決定聲音的「激、謞、
叱、吸」，而是在使「前者唱於，而隨者唱喁；泠風則小和，飄
風則大和」，將各種不同的籟聲，統合為一首和諧的交響樂。在

此萬籟共成的天籟中，萬竅便得以實現自身的存在，這就是天
籟對萬竅的「成全」。依同樣的理路，我們便可以領會道對於萬
物既生化而又不決定的作用方式。

　　藉由道的作用，萬物被保證為一個相互關連、且互為目的
之有機整體；其中事物的存在既為了自己，也為了整個世界，
於是每一個體都成為世界中不可分割的一部分。所以莊子說：
「天地與我並生，而萬物與我為一」，又說：「道之所以虧，愛
之所以成」，這些命題一方面強調萬物的一體性，另一方面則反
對將個體別出於整體來看待，怕因割裂整體而導致原本和諧系
統的破壞。牟復禮（Frederick W. Mote）先生有一番關於中國人
宇宙觀的說法，相當能表現這種思維。他說道：

> 中國的宇宙生成論主張的是一個有機的過程，宇宙的各
> 個部分都屬於一個有機的整體，它們都參與到這個本然
> 自生的生命過程的相互作用之中，這是個天才卓穎的觀
> 念。[77]

將「有機過程」的宇宙論涵蓋於整體中國文化雖然未免太過寬
泛，但若用於描述道家的宇宙圖式則頗為切合。尤其在莊子，
一套只憑「正生」就能「正眾生」的外王方法（〈德充符〉：「幸
能正生，以正眾生。」），是不能缺少「有機整體」這樣的觀念
的。唯有將萬物看成一個連續而互動的有機系統，「即內聖即外
王」的實踐方法才得以成立；否則「徇耳目內通而外於心知，
鬼神將來舍」（〈人間世〉）的講法是難以想像的。世界若無「道」

---

[77] （美）牟復禮著，王立剛譯：《中國思想之淵源》（北京：北京大學出版社，
2009 年），頁 21。

來將之保證為一個整體，則萬物便只是散殊的各別存在，那麼真人之德固自為真人之德，與鬼神萬物何干？藐姑射之神人其神自凝，又如何能使物不疵癘而年穀熟（〈逍遙遊〉）？唯有在彼此緊密關連為一個整體之下的世界，其中個體的改變才得以感通整個存在系統並影響其秩序。

在描述萬物的「一體」之義時，我們必須談到「氣」這個觀念。除了自周初以來固有的「雲氣」、「血氣」之類意思，莊子常常透過此觀念來指稱萬物的本質性存在，並且也以其對存在之通貫性，來表達世界連續不可分割的性質。比如以下幾段敘述：

> 彼方且與造物者為人，而遊乎天地之一氣。彼以生為附贅縣疣，以死為決𤴯潰癰。夫若然者，又惡知死生先後之所在！假於異物，托於同體；忘其肝膽，遺其耳目；反覆終始，不知端倪；芒然仿徨乎塵垢之外，逍遙乎無為之業。（〈大宗師〉）

> 人之生，氣之聚也。聚則為生，散則為死。若死生為徒，吾又何患！故萬物一也。是其所美者為神奇，其所惡者為臭腐。臭腐復化為神奇，神奇復化為臭腐。故曰：「通天下一氣耳。」聖人故貴一。（〈知北遊〉）

> 察其始而本無生；非徒無生也，而本無形；非徒無形也，而本無氣。雜乎芒芴之間，變而有氣，氣變而有形，形變而有生。今又變而之死；是相與為春秋冬夏四時行也。（〈至樂〉）

透過以上三段文字，可以發現「氣」作為最本質性的存在，其分合聚散乃成為萬象遷化的原因；因此若深究萬物的存有，將會發現其實不過是同一本質的不同面相而已（所謂「假於異物，托於同體」）。因而莊子用「一氣」這個詞彙來表達萬物的同質與連續，暗示著「世界」事實上是一個無法分割的有機整體。〈知北遊〉「通天下一氣耳」一句話，則更清楚地強調天下萬物本皆一氣所化成的觀點，而可以作為莊子宇宙觀的註腳。在此觀點下，事物的生滅只是一氣之轉徙遷化，其變化反覆終始，仍然不離構成事物的那些基質存在。所以對於萬物無須也不可能加以切割，因為事物彼此之間事實上並沒有絕對的封限存在。

不過「氣」之一詞在《莊子》中意義並非單面相的，它主要在兩個範疇上表現出意義。當然，「氣」是一個複雜的概念，學術史上對之從來未曾達到過共識，以張立文先生的歸納，它至少有八種可能的意涵。[78]一般最常見的用法，是將它當作表述「物質性」的名詞，用來籠統地指稱「形構基質」之類事物的存在。一些當代學者以此意義理解傳統文化，將不少典籍詮釋成具有唯物思想色彩的作品，甚至在主觀性格甚為明顯的莊學領域亦然。譬如劉笑敢先生就說：「氣是萬物存在變化的基礎，是構成物質世界的基本元素。」[79]崔大華先生則言氣是「構成萬物的基始」，[80]兩者皆直接將氣當作是形構之基本元素，以之探討萬物存有的性態與變化。儘管本文也承認「氣」對於物之「存

---

[78] 見張立文主編：《氣》（北京：中國人民大學出版社，1990年），頁1-4。

[79] 同註74，頁136。

[80] 見崔大華：《莊學研究》（北京：人民出版社，1992年），頁106。

有層次」的表徵性，但對於貿然用「形構始基」來涵蓋「氣」的意義之作法還是感到不安。它讓莊子對氣的表述幾乎等同了西方在現象意義下所談的原子論宇宙觀，這樣做是否契於莊子思想脈絡是很值得慎重考慮的。對此，王邦雄先生曾就「心齋」的工夫論角度對此提出質疑，認為倘若僅從「形構之始基」的意義理解莊子的「氣」，則分別作為「聽之以耳」與「聽之以氣」的對象便將混同而無以異。他說道：

> 問題出在，「心齋」工夫的進程理序，由聽之以耳，再聽之以心，終歸聽之以氣，而氣是形構的基始，是構成物質世界的基本元素，且陰陽之氣的運動是獨立於人的意志之外的，如是，第一層次的聽之以耳，與第三層次的聽之以氣，要如何簡別，且「氣」既獨立在人的意志之外，又如何通過主體的修養而朗現？[81]

對於欲以唯物思想理解莊子「氣」觀念的意圖而言，這是個不易回答的質難。假使氣是「形構之始基」的意義，則應該屬於耳目感官的層次，那麼它就不該又作為莊子最高境界——「聽之以氣」——的工夫修養。並且，氣假使是客觀的實然之物，則它與主體修養的提升也不該有什麼對應關係。由此看來，將「氣」直接等同於「實然之物」的解釋顯然是行不通的，因為這麼做是片面地強調了宇宙論方面的意義，而忽略了其工夫論性格，將使氣的意涵缺乏通貫《莊》書的一致性。

---

81 同註 20，頁 19-20。

在前文我們曾經認為，道即使作為客觀的實有而被把握，此「把握」也仍然必須札根於主觀境界之中，離開修養工夫而言「客觀真實」是不可能的。莊子言：「夫知有所待而後當，其所待者特未定也。庸詎知吾所謂天之非人乎？所謂人之非天乎？且有真人而後有真知。」（〈大宗師〉）心知在一般未經修養的狀態下是不可靠的，它所能看到的只有現象；唯有待於真人的修養境界，然後才有所謂「真相」的照現可言。同樣的道理，可以用來解釋在《莊子》中，「氣」既作為客觀的「形構基質」，卻又作為主觀的「境界內容」之矛盾性。筆者認為，用於表述萬物存有的「氣」概念，它在很多重要的場合中必須以「真知的觀照」作為前提來理解，而不能直接視之為表達「形構基質」的經驗概念。因此「氣」並非耳目感官可以「聽」的對象，其必待工夫修養而後能；或者說，「氣」不是個作為「物質性」意義被表述的單純宇宙論概念，而是必須與「主觀定境」相伴隨的「工夫－存有論」概念。沒有修養到心中渣滓去盡的境界，就無法照出作為存有「實相」的氣化流行，而只能見到耳目感官或心知概念下的「現象」存有。因此徐復觀先生說：

> 所謂無聽之以耳，是不讓萬物停在耳（目）那裏辨別聲（色）的美惡。聽之以氣，即下文之所謂「徇（順）耳目內通，而外於心知」，即是讓萬物純客觀地進來，純客觀地出去，而不加以一點主觀上的心知的判斷。[82]

---

[82] 同註 45，頁 381。

「讓萬物純客觀地進來，純客觀地出去」，意謂不以任何成心干涉對於物之觀照，這就是「虛而待物」；以「虛」待物而聽任物之自身，也就是「聽之以氣」。所以「氣」應該是在如此的意義下，才成為「存有」之代詞或是具有「萬物基始」的意義，它除了表徵物的基始存在，還規定著此「物」必須是「物之自身」的意思。[83] 簡言之，我們認為氣是「真知中所呈現的物」，它是用於陳述存有之實相的語詞。以此意義來考察「氣」字的運用，便大體可以理出其通貫《莊子》文本的意義。氣一方面既是萬物之客觀存在，另一方面同時也是主觀境界所呈顯者；所以它雖是萬物的形構基始，卻也從來離不開修養工夫。所以不管是放在心齋工夫「氣也者，虛而待物者也」的陳述中，或是含有宇宙論意味的「彼方且與造物者為人，而遊乎天地之一氣」之句子裡，「氣」主客合一的性質都表現出對於文本的契合性，而適應於莊子「以內聖通外王」的理論脈絡。

　　將「氣」理解為純粹客觀的「物之在其自己」，除了不妨礙其作為「存有基始」而表達萬物「一體連續」的意義外，它也為莊子方法論的「聽氣」工夫給出客觀上的根據，讓主觀升進而致的終極定境，與客觀自在的物自身世界相即為一。[84] 此時，

---

83 王邦雄先生云：「『虛』即『無聽之以心』而達人心，『待物』即『聽之以氣』而達人氣，『氣』得到了釋放，而融入了『天地一氣』之中，此時的『氣』，不再是事實義的『現象』，而是價值義的『物自身』了。」同註20，頁15。

84 牟宗三先生云：「所謂有昇進有異趣的世界則都屬於價值層的，屬於實踐方面之精神價值的；而若在此實踐方面的精神價值之最後歸趣總是定在自由自在，則有昇進有異趣的世界總歸是一，雖有昇進而亦有終極之定，雖有異趣而亦有同歸之同，而此世界中的萬物即是『物之在其自己』之物，此則終極地決定者，亦即是絕對的真實者或存在者，而不是那可使之有亦可

「境界」就不只是封閉在個體中的主觀之物，而是客觀的真實世界之呈現；所以不管是仲尼的「聽之以氣」（〈人間世〉）或是關尹的「純氣之守」（〈達生〉），都是直接與萬物之「真實」相照面，毫無遮蔽地應對世界。〈德充符〉說：「人莫鑒於流水，而鑒於止水，唯止能止眾止」，這句話是莊子應世思想的理論基礎。唯有在如止水般的心境中觀照萬物，萬物才能以其真實面目顯現；若心如流水般漣漪不止，則外界自然也只能以殽亂狀態回應。所以莊子「聽之以氣」工夫所要照現的世界，就是氣化流行的真實世界，也就是我們亦不離其中、與萬物共成一體的本然和諧世界。

以形上思想作為對方法論質疑的回答，意味著道家在外王問題上對人為施設全面的排除，而將一切實現的活動完全託付給天道。「道」由此便扮演了成始成終的角色，天地的化育不再需要人的主動「參贊」，反而人只是大道造化中的一環，在價值上與萬物平起平坐。梁啟超先生說：「蓋儒家以宇宙為『未濟』的，刻刻正在進行途中，故加以人工，正所以『弘道』。道家以宇宙為已『混成』的，再加人工，便是毀壞它。」[85]這個分判確實釐定了道家觀念中「人」所處的地位。不過，說人只是造化中的一環，並非意謂世界的秩序與我們毫不相干，事實上人是天道造化最大的阻礙者，我們一直以心知造作干擾著造化的本

使之無的現象。依此，普通所謂定者實是不定，而依上說的觀看或知見而來的普通視之為主觀而不定者，終極地言之，實是最定者，最客觀者，絕對的客觀者——亦是絕對的主觀者——主客觀是一者。」同註 66，頁 131。

[85] 見梁啟超：《先秦政治思想史》（臺北：東大圖書股份有限公司，1993 年），頁 116。

然規律，以致萬物離開其應行的軌道。因此在令形上學的「自然」發揮其造化作用之前，以工夫論的「無為」先解消心知的割裂是不可缺的。心知的破壞是和諧秩序實現的唯一障礙，所以化解心知造作以使生命契合於大化，使氣化的流行回歸本然，便是莊子在外王實踐上一種沒有方法建構的方法。

第肆章

應世實踐的根據與方法

一、應世實踐的根據

（一）心知是破壞和諧的原罪

在道家的外王理論中，「道」雖然是成就和諧的根據與動力，但這並不意味人的實踐在此是不需要的。儘管不再以「人」為中心來決定萬物價值，可是實現價值的活動卻不能撇除人的參與。因為在道家的宇宙觀裡，存有界本來是一體之和諧，萬物彼此互為目的而且相諧無間，其中沒有「亂」的問題。是人的作為攪亂了這個世界，我們先因「心知」而扭曲了世界的真面目，然後又以「造作」干擾萬物的運行，於是存在界的一體性被割裂得七零八落，萬有的本然和諧也由之蕩然無存。理想世界此一衰亂歷程，〈馬蹄〉篇有段文字作出了清楚的敘述：

> 故至德之世，其行填填，其視顛顛。當是時也，山無蹊隧，澤無舟梁；萬物群生，連屬其鄉；禽獸成群，草木遂長。是故禽獸可係羈而游，鳥鵲之巢可攀援而闚。夫至德之世，同與禽獸居，族與萬物並。惡乎知君子小人哉！同乎無知，其德不離；同乎無欲，是謂素樸。素樸而民性得矣。

> 及至聖人，蹩躠為仁，踶跂為義，而天下始疑矣。澶漫
> 為樂，摘辟為禮，而天下始分矣。故純樸不殘，孰為犧
> 尊！白玉不毀，孰為珪璋！道德不廢，安取仁義！性情
> 不離，安用禮樂！五色不亂，孰為文采！五聲不亂，孰
> 應六律！夫殘樸以為器，工匠之罪也；毀道德以為仁義，
> 聖人之過也。

第一段，莊子描繪出一幅道家理想世界的圖畫，在這幅圖畫中，萬物群生相互連屬，彼此毫無畛域限隔。禽獸可係羈而游，鳥鵲之巢可攀援而闚，人與萬物各稟其性而生，彼此自然諧和，呈顯出一派自足無缺的天國氣象。可是這樣的完美世界，及至「聖人」介入便劃下句點。第二段開始，莊子明白指摘聖人的罪過，如同工匠追求文采音律必至於殘毀純樸一般，聖人的標榜仁義禮樂亦必將斷喪道德性情；殆及以仁義禮樂治世，則生命的填填顛顛、萬物的自然素樸已盡遭破壞無遺，世界的一體和諧當然亦不復存在。所以在道家的眼中，人是殘毀和諧的禍首，心知是割裂世界的凶器。此般衰亂過程的描畫雖取材自外篇文字，但其中觀念卻並非僅屬外雜篇所獨有；事實上，內篇也表現出類似看法。試觀以下幾則：

> 古之人，其知有所至矣。惡乎至？有以為未始有物者，
> 至矣，盡矣，不可以加矣！其次以為有物矣，而未始有
> 封也。其次以為有封焉，而未始有是非也。是非之彰也，
> 道之所以虧也。道之所以虧，愛之所以成。（〈齊物論〉）
>
> 孔子適楚，楚狂接輿遊其門曰：「鳳兮鳳兮，何如德之衰
> 也！來世不可待，往世不可追也。天下有道，聖人成焉；

天下無道，聖人生焉。方今之時，僅免刑焉。……山木
自寇也，膏火自煎也。桂可食，故伐之；漆可用，故割
之。人皆知有用之用，而莫知無用之用也。」(〈人間世〉)
南海之帝為儵，北海之帝為忽，中央之帝為渾沌。儵與
忽時相遇於渾沌之地，渾沌待之甚善。儵與忽謀報渾沌
之德，曰：「人皆有七竅以視聽食息，此獨無有，嘗試鑿
之。」日鑿一竅，七日而渾沌死。(〈應帝王〉)

從這些表述中，不但可瞭解道家觀念中世界由和諧而割裂的衰
亂歷程，也可以證實莊子確將衰亂的原因指向「心知的分別作
用」。第一則引文，將心知由「無物」到「是非彰」的認識進程
表現為一個生命墮落的過程，並將是非彰明的結果斷言為大道
的虧損。第二條引文，則透過狂士接輿之口，將此世表述為不
及於往世的「德衰之世」，並將此德衰之因歸咎於心知對「有
用」、「無用」的分別。第三則，更透過擬人化的表現方式，將
渾沌之死指向七竅的鑿開，強烈暗示心知活動傷害了天生自
然。而在以上三則裡，尤其以「渾沌鑿七竅」的寓言最是象徵
性地表達了心知之害。「渾沌」一詞，隱喻純樸之世的和合無分
別之性，故其方能善待南北二帝而無所差別，此中涵有老子「常
善救人，故無棄人；常善救物，故無棄物」之意。而「鑿七竅」
一事則喻指了心知的起用，心知一起則知是知非，所謂「是非
之彰也，道之所以虧也」，因此七竅鑿則渾沌死，純樸和諧於焉
不存。「心知」作為原罪，不只在莊子，更是通貫於全體道家思
想的普遍認知，它被視為一切存在問題的根源。故而要將天地

回復到至德之世的素樸狀態，斧底抽薪的辦法，唯有將心知造作撤離這個世界，才能使萬物回復到原本的自然和諧。

（二）心知會阻礙德性的實現

心知之所以成為問題，主要乃在於它會遮蔽德性的實現。〈外物〉篇有謂：「知徹為德」[1]，意思是「知能通徹則德性自然朗現」；逆推其意，則德之不顯即因心知遮蔽。德性若不能顯，則生命將失去依據而偏離其自己，其影響由一身擴及於萬物，便是使天下淪於失序。因此〈胠篋〉篇說：

> 故天下每每大亂，罪在於好知。故天下皆知求其所不知，而不知求其所已知者，皆知非其所不善，而莫知非其所已善者，是以大亂。故上悖日月之明，下爍山川之精，中墮四時之施；惴耎之蟲、肖翹之物，莫不失其性。甚矣夫！好知之亂天下也。

天下大亂，根源在於在於「好知」。人們只知追逐其所不知者，而不知求其所已知者。這段話與〈德充符〉「人不忘其所忘，而忘其所不忘」一句的句法結構相似，意涵亦相近。其中說的「所不知」和「所忘」，[2]乃是言外在世界的經驗知識，而其後的「所已知」與「所不忘」，指的則是內在的純一德性。成疏曰：「所以知者，分內也；所不知者，分外也。舍內求外，非惑如何也！」

---

[1] 成疏云：「徹，通也。……夫六根無壅，故徹；聰明不蕩於外，故為德也。」郭慶藩：《莊子集釋》，第 4 冊，頁 939。

[2] 郭註：「生則愛之，死則棄之。故德者，世之所不忘也；形者，理之所不存也。故夫忘形者，非忘也；不忘形而忘德者，乃誠忘。」同前註，第 1 冊，頁 218。

³黃錦鋐先生的解釋是：「天下人都知道追求不知道的外在知識，而沒有人知道去追求已經具有的內在本性，…。」⁴可知此處的「所已知」是在指稱先驗的德性。老子說：「不出戶，知天下；不闚牖，見天道。其出彌遠，其知彌少。」（〈四十七章〉）因為德性內在於自身，所以只須反求諸己，則內在自然具足能夠相應相諧於存在界的一切；但若一心向外逐物，則「其出彌遠，其知彌少」，反而會走離自己的「所已知」；這其中深具存在的弔詭性。因此任由心知執著持續擴張，結果必然導致自身德性的蕩失，甚而負面作用延及於身外，引發萬物的失性亂序，即如引文所言「上悖日月之明，下爍山川之精，中墮四時之施；惴耎之蟲、肖翹之物，莫不失其性」。這段話堅定地相信自身生命的不純粹，會引動外界事物偏離本性，而最後導致世界的失序。所以追根究底，一切禍患都在於心知對外物的執著。

　　關於這裡的「性」字有必要稍做說明。徐復觀先生說：「〈內篇〉的德字，實際便是性字。但〈外篇〉〈雜篇〉，卻常常將性字德字對舉，這一方面是說明莊子或他的後學，受了性字流行的影響；一方面是觀念上進一步的分疏。若勉強說性與德的分別，則在人與物的身上內化的道，稍微靠近抽象地道的方面來說時，便是德；貼近具體地形的方面來說時，便是性。」⁵這話不但指出《莊子》「德」字的內涵，也透露出「德」與「性」兩概念在意義上的同位。因此「失其性」也就是「失其德」，其意

---

³ 同前註，第 2 冊，頁 362。

⁴ 黃錦鋐：《新譯莊子讀本》（臺北：三民書局，2006 年），頁 132。

⁵ 徐復觀：《中國人性論史──先秦篇》，頁 372。

指事物逸出自身的軌道，而成為無有根據之失落的存在。當人們因「好知」而不知求其「所以知」之時，也即失落了自身的軌則，這必令惴耎之蟲、肖翹之物等外在事物也受到波及，而失卻其本性。這好像一顆行星偏離自身軌道，也必將引動其他星體偏移一般，會產生連鎖效應。而當萬物皆逸出自身的先天軌則而隨意遊蕩，可預見其結果便是不可避免的天下大亂。

（三）德性是實現外王的憑藉

將天下大亂的原因指向德性的蕩失，意味著德性與萬物之間存在著密切的關連；其作用不單是影響主體自身，還向外波及萬物。內篇中有名為「德充符」之篇者，其立名實有深意，郭象為之解題道：「德充於內，物應於外。外內玄合，信若符命，而遺其形骸也。」[6]此言意謂德性充實於主體之內，則外物必與之相應；顯然，德性是使「外內玄合，信若符命」這件事成為可能的關鍵。因此唐君毅先生在這點上，進一步肯定了德性對於外物的影響力，他說：

---

[6] 同註1，第1冊，頁187。這段話在流傳上有兩種版本，一是通行本作「應物於外」，另一則是趙諫議本作「物應於外」。兩者意義的差別在於：前者意為性充實於內，便有資以應於外物，表達的是主體的能應於物；而後者之意則為德性充實於內，外物必與之相應，其更強調外物對德性主體的回應。就此而言，其實兩者意義並不相排斥，外物既已與德性相應，當然德性亦能應於外物，所以言「物應」者，自也含有主體「應物」之意。只是比較起來，「物應」之說更具有「內外相契」的意含，表現出物我和諧在先驗上的必然。「外物」在此解釋中能動性被提高，在實現和諧的目的上具有更積極的意義。觀後文「外內玄合，信若符命」二句敘述，其語氣強烈表達出「外內玄合」之必然，似乎較為貼近「物應於外」之意，故本文從之。

德充符之旨，要在言德之充於內者，必形於外，亦足感
人，而人莫知其所然。此即言德之充於內者，必有符應
於外。此與孟子之言君子之仁義禮智之德根於心者，必
能踐其形色之軀，以睟面盎背，施於四體，而見於外，「所
過者化」之旨，正有相類處。……又其德之感人，亦不
在其表現為愛人助人等一定之行，復不在其德之為一定
之德，而在其德之見於其人之態度中，即有一吸引人、
攝住人之力量，以見其德之若為一能涵攝一切特殊之德
之全德、至德。[7]

德性充實於內在，不只是睟面盎背般的生色於外表而已，更重
要的是，其能發為一「吸引人、攝住人之力量」，而積極地與外
物產生感應互動，所以唐先生方舉《孟子》「所過者化」之旨以
喻之。《孟子・盡心上》言：「夫君子所過者化，所存者神；上
下與天地同流」，朱熹對之解釋道：「心所存主處便神妙不測，
如孔子之立斯立、道斯行、綏斯來、動斯和，莫知其所以然而
然也。是其德業之盛，乃與天地之化同運並行，舉一世而甄陶
之。」[8]德業盛者，則能與天地之化同運並行，所以其化物神妙
不測，莫知其所以然而然；在莊子，「德充於內、物應於外」的
思想與此實為相類。以〈德充符〉各則寓言來看，王駘雖然「立
不教，坐不議」，與之游者卻都「虛而往，實而歸」；哀駘它儘
管「和而不唱，知不出乎四域」，但卻可致「未言而信，無功而
親」。此即朱熹所謂「神妙不測、莫知其所以然而然」之化，故

---

[7] 唐君毅：《中國哲學原論——原道篇卷一》，頁373。
[8] 朱熹：《孟子集注》，《四書章句集注》，頁494。

莊子稱之曰「不言之教，無形而心成者」。這些對物我感應的描述或許看似神秘，但其實並非不可理解，關鍵就在於「與天地同流」一句話上。儘管對道體的領悟有所不同，但「與天地同流」則是儒道兩家實現方法的共通旨趣。〈天下〉篇介紹莊子時稱其「獨與天地精神往來，而不敖倪於萬物」，又言其「上與造物者遊，而下與外死生、無終始者為友」，它們都指出莊子之方法乃是讓生命上遂於天地精神，再透過此天地精神會通萬物而同歸於造化之流。所以「物應於外」之說，若以「個體存在」為觀點，或許令人感到神妙不測，但如果從「大道」的高度思之，則其實不過是造化之自然而已。

要令物我外內玄合、信若符命，靠的是造化之自然；但要使生命回歸於造化之流，關鍵則在實現德性。「德」不僅是自我實現的根據，它也是主體應化萬物的憑藉，所以儘管「道」才是生化萬物的母體，但在《莊子》中闡述最充分的還是「德」，莊子是透過「德」去把握「道」的意涵的。徐復觀先生說：

> 《莊子》書中對德字界定得最清楚的，莫如「物得以生謂之德」的一句話。所謂物得以生，即是物得道以生。道是客觀的存在；照理論上講，沒有物以前，乃至沒有物的空隙處，皆有道的存在。道由分化、凝聚而為物；此時超越之道的一部分，即內在於物之中；此內在於物中的道，莊子即稱之為德。此亦係繼承《老子》「道生之，德畜之」的觀念。……因為德是道由分化而內在於人與物之中，所以德實際還是道；因此，便可以說「通於天

地者德也」。道是內在於每一物之中，因此，便可以說「行
於萬物者道也」。[9]

道由於其超越性，本身無法呈顯自身，而只能透過德的作用體
現其存在。此義可藉〈齊物論〉所描述的天籟之作用來說明：
天籟無法直接以聲響來呈顯其自身，只能透過地籟、人籟的和
諧樂音以證實自己；是故沒有萬竅的怒呺，則天籟一無可知。
德與道的關係也是如此，道是保證萬物為「一體存有」之根據，
而德則是在此一體性下各自體現的物之特性；沒有「德」以具
體表現物之存在，則「道」便只是個沒有內涵的空概念。因此
「德充於內」的意義不僅是實踐主體的「在其自己」而已，它
還蘊具著主體與外物「信若符命」的相應契合之關係，從而也
透顯出道在萬物玄合作用中所具有的「根據」意義。所以德是
實踐主體通往「道」的橋樑，不透過它，主體根本不可能與道
產生聯繫，於是也無法藉由道的保證而與外物相契合。

〈天地〉篇說：「通於天地者，德也」，要與天地萬物相通
感，唯一的憑藉便只有德；離開了德性，人與外物便完全隔斷，
而成為絕對孤獨的存在。此時莫說是外王治化，連安然行走人
間都顯得難為，因為人與外物之間缺乏諧和的根據；若還強要
淑世治外，那麼便難免落入經式義度之構作。莊子對此非常不
以為然，而批評道：「是欺德也，其於治天下也，猶涉海鑿河而
使蚊負山也。夫聖人之治也，治外乎？」〈應帝王〉對於造作
「經式義度」以求治世的做法，「欺德」兩字判語確實是深中肯

---

[9] 同註 5，頁 369。

繁，它點出治世的關鍵在於「德」，並抨擊離開德性而為的構作，都只不過是欺偽；[10]要以欺偽之事來完治天下，那猶如「涉海鑿河而使蚊負山」，是難以勝任的。所以一切的依歸都在於「德」，在外王的範疇裡，捨此別無他途。就此而言，「欺德」二字的批評，確實已經證明「德性」在「治天下」一事中所處的關鍵地位。

（四）「才全而德不形」的實現作用

對於「德充符」三字的意義，除了透過郭象題解可略窺大意之外，更值得注意的是莊子自己提出的「才全而德不形」之說，此說恐怕也是莊子表述德性作用的最重要文句。在〈德充符〉的「魯哀公問於仲尼」一節裡，他透過仲尼之口，講出了以下的一段話：

> 今哀駘它未言而信，無功而親，使人授己國，唯恐其不受也，是必才全而德不形者也。」哀公曰：「何謂才全？」仲尼曰：「死生、存亡、窮達、貧富、賢與不肖、毀譽、飢渴、寒暑，是事之變，命之行也。日夜相代乎前，而知不能規乎其始者也。故不足以滑和，不可入於靈府。使之和豫通，而不失於兌。使日夜無郤，而與物為春，是接而生時於心者也。是之謂才全。」「何謂德不形？」曰：「平者，水停之盛也。其可以為法也，內保之而外不蕩也。德者，成和之修也。德不形者，物不能離也。」

---

10 「欺德」，成玄英解作「欺詐之德」（同註 1，第 1 冊，頁 291。），宣穎解「欺」作「偽也」（宣穎：《南華經解》，頁 177。）；所以「欺德」可以理解作「仿冒的德性」，其意含有對人為構作之經式義度的強烈批判。

哀駘它能夠「未言而信，無功而親，使人授己國，唯恐其不受
也」，達致與物相諧的狀態，主要就在於他「才全而德不形」。
以這段文字的內容看，「才全而德不形」所談的主題就是德性，
是在闡明「內在德性存全，則作用必及於外」的道理。「才」字
指的並非是一官一技之「才能」，而是作為生命之真實的「德
性」。憨山大師言：「言才者，謂天賦良能，即所謂性真，莊子
指為真宰是也。言才全者，謂不以外物傷戕其性，乃天性全然
未壞，故曰全。」[11]用「真」字以言性，可見「才」字所指顯然
不是現象中的氣質之性，而是超越經驗的天真自然，也就是德
性。德性天生本具，不假外求，故只要能使外物不傷戕其性就
得以「才全」，莊子認為能夠不讓「死生、存亡、窮達、貧富、
賢與不肖、毀譽、飢渴、寒暑」這些分別滑亂於心，便能存全
德性，而發用為「和」。「和」是德性的作用，就吳怡先生的說
法，它表現為兩個方面：

> 一是指內在的心境，一是指心與外物的相交。前者指外
> 在的變化不能干擾內心的平靜，這是心本身的平和，這
> 也正是《中庸》所謂「喜怒哀樂之未發謂之中」。後者是
> 指由於心的無欲，不會干擾萬物，也不會阻礙一切的變
> 化，使人與萬物能和融相處。[12]

以〈德充符〉的講法，「才全」自然能實現和諧的這兩個面向，
所以引文一方面說：「使之和豫通，而不失於兌」，這是形容主

---

[11] 憨山大師：《莊子內篇憨山註》，頁 358-359。

[12] 吳怡：《新譯莊子內篇解義》，頁 201。

體接物時內在心境的和逸悅樂；[13]另一方面也說「使日夜無郤，而與物為春，是接而生時於心者也」，此則描述主體與外物在關係上的相和相諧。[14]可見不管是在內或對外，存有的理想狀態之實現全繫乎德性，所以說：「德者，成和之修也。」對於應世的關懷而言，這是一句直指核心的點撥。郭注對此曰：「事得以成，物得以和，謂之德也。」[15]成疏則云：「夫成於庶事，和於萬物者，非盛德孰能之哉！必也先須修身立行，後始可成事和物。」[16]可知欲令萬物各成其是且彼此諧和，德性的實現是至關重要的一件事，唯有修養至於盛德，才能實現存在界的圓滿。

德性之所以能令萬物和諧，原因在於其作為真實的生命，能如實反映萬物的原貌，令萬物自見自明而回歸其自己。這個意思可藉由前面曾引述過仲尼向哀公提點的那段文字來理解：

> 平者，水停之盛也。其可以為法也，內保之而外不蕩也。

這段文字還應該與同篇中「魯有兀者王駘」章仲尼的說法相參照。其言曰：

> 人莫鑒於流水，而鑒於止水，唯止能止眾止。

---

13 成玄英云：「體窮通，達生死，遂使所遇和樂，中心逸豫，經涉夷險，兌然自得，不失其適悅也。」同註1，第1冊，頁214。

14 憨山大師曰：「言真人之一性綿綿，日夜無隙，未嘗間斷。但於應物之際，春然和氣發現，令人煦然而化也。」又云：「時者，謂接物應機，時行時止，與物俱化，未嘗逆也。若夫愚人，則與接為搆矣。」同註11，頁360。

15 同註1，第1冊，頁215。

16 同前註。

宣穎曰：「水不求鑑，而人自求鑑。蓋惟真止，故能止眾之求止者，而不他去也。」[17]唯有真止之水才能如實映物，萬物本有自鑒求真之性，故唯有止水能使眾物依止於其前而自照。同樣道理，德性作為外王實踐的根據，其作用就有如一泓能鑒照事物真貌的平靜水面，萬物皆可就此平水以自鑒，而後回歸其自己。所以德性在此只是觸發萬物自成自正之「機緣」，而非規定萬物存在樣貌之「標準」。有些註家於此義未加細辨，即根據〈天道〉篇「水靜則明燭鬚眉，平中準，大匠取法焉」的說法，而將「平者，水停之盛」與匠人取法水平之義相聯繫，於是便將「攬鑒自正」之義誤會為「平準軌物」之義。如成玄英：「夫水性澄清，鑒照於物，大匠雖巧，非水不平。故能保守其明而不波蕩者，可以軌轍工人，洞鑒妍醜也」[18]；宣穎：「凡取平者，水可以為之法」[19]皆作此解，其意謂平水可做標準，而為工匠測量平面達至水平與否之依據。這般解釋雖然亦不無道理，但總不是非常諦當。就道家的立場，「其可以為法也」一句，與其將之解作「它能作為萬物的標準」，還不如理解為「它讓萬物找到自己的標準」更合適。因為莊子的聖人之治是「不治外」的，其方法是「幸能正生，以正眾生」、「正而後行，確乎能其事者而已矣」；乃藉由實踐者自正其生以引發萬物的自正自成，故以人之取鑒於止水為言。人之取鑒於止水，目的是要反照自身以自求其善，而非向外求取一法則來範限自己，成疏將之解作匠人取法水平，

---

[17] 同註 10，頁 121。

[18] 同註 1，第 1 冊，頁 215。

[19] 同註 10，頁 130。

於眾生「自正」之義便有未逮；至如「軌轍工人，洞鑒妍醜」之說，尤其令人難安。相較之下，郭象注顯然比較高明，其辭曰：「天下之平，莫盛於停水也。無情至平，故天下取正焉。內保其明，外無情偽，玄鑒洞照，與物無私，故能全其平而行其法也。」[20]對於平水之用，說「取正」而不言「取平」，較能避開使其落實為「具體標準」的困境，這就為萬物的自鑒自正留下空間。萬物以自正其生而成就天地之和，才是莊子所言「使物自喜」的明王之治。因此長保「生命之真」是重要的，不使外在的事變牽引內心，而讓生命一直靜如平水，如此方能如實鑒照外物，這也就是所謂的「德不形」。「德不形者，物不能離也」，主體與萬物的和諧相應，就寓於德性的充實於內，這雖只是在心上作工夫，但能如此，其實就已是外王實踐的全部。[21]

二、應世實踐的方法

以內在修養作為外王實踐的方法，是莊子應世思想的一個重大特色，這個意思是本文所極力強調的。因為在莊子實踐的體悟中，人間一切困頓之產生，不管是主觀抑或客觀，皆可歸因於心知造作，於是解決的辦法，自然就是一套解消心知分別的修養工夫。這個意思在前面也已充分討論過，我們藉由多則原文證明，在莊子的理解中，存在問題並無來自「氣化世界本身」的根源，問題的產生，唯一源頭就是每個人主觀中的「心

20　同註1，第1冊，頁215。
21　故郭象曰：「無事不成，無物不和，此德之不形也。」

知」；是「心使氣」的勉強，導致了氣化流行的失常。所以當心知執著解消，生命回歸常軌之時，人世的一切失常也必然隨之平復。由此道理，莊子的「外王方法論」實即等同於「內聖工夫論」，兩者不只是因果相關而已，而根本就是同一件事。故提及莊子的修養實踐，若僅以「主觀境界的提升」去思維之，那其實是窄化了它的作用，它同時也在實現著「客觀實有的回歸」，感應著外在萬物而使其回歸於本性中。

確認了莊子哲學此一特性，可為外王實踐的範疇做出劃界，我們無須再考慮莊子政教上的實際施為，而可以將注意力集中於主體修養的工夫上。事實上，若真想在《莊子》謬悠詭詭的文字中發掘政治上的經式義度，那不但是涉海鑿河的徒勞無功，更是捨本逐末的誤入歧途。在外王的意義下，莊子唯一可以討論的方法論就是修養工夫論；離開全生保真的工夫談治化之道，恐怕只能獲致莊子「欺德」的批評。因此對於應世方法的考察，探尋「修養工夫」這條線索是唯一道路。雖然如此，這「探索」不能如傳統般地僅以「主觀升進」的意義看待工夫的作用，而還該進一步考察其「外王」面向，研究升進後的主體與外在世界的交互影響，如此才能深入發掘工夫論的客觀意義，而彰明莊子「明王之治」的實現型態。

（一）「無為」的基本原則

就「方法論」的角度而言，《莊子》中蘊藏了十分豐富的內容，全書到處可見表述工夫與境界的語言，而其中更不乏具有理論代表性的修養方法。僅就內篇而言，便有「吾喪我」、「庖

丁解牛」、「心齋」、「坐忘」、「攖寧」、「虛以委蛇」……等等眾
多不同的工夫路數，可以說，莊子的思想體系是透過工夫論述
架構起來的。儘管如此，卻不宜將此眾多進路視為多元系統的
修養論雜集；書中所示諸般工夫，基本上仍然歸結至一個核心
觀念——「無為」。此「無為」原則貫串了莊子的一切方法論述，
因而保證了各工夫進路最終仍能指向同一個本體，即作為萬物
創生根源的「自然」。

　　「無為」作為修養論的基本原則，在道家最早為老子所提
出，其後也成為道家各派所共同遵從的修養途徑。可以說，「道
家」之所以可歸為一派，是透過「無為」此一主張來辨識的。
故而司馬談〈論六家要指〉中論道家時即曰「其術以虛無為本，
以因循為用」（〈史記・太史公自序〉），班固〈諸子略敘〉則言
道家「清虛以自守，卑弱以自持」（〈漢書・藝文志・諸子略敘〉），
「以虛無為本」、「清虛自守、卑弱自持」儘管用語不同，說的
卻都是「無為」的意思，可見在他們的認識中，道家思想的本
質性就在於此。而「無為」的意思，根據王弼的注解是「順自
然也」（〈三十七章〉），[22] 這個解釋儘管籠統不著邊際，但已經暗
示了「無為」並非是一種虛無主義的主張，[23]「順」字的使用，

22　王弼：《老子注》，《老子四種》，頁 31。

23　譬如關鋒先生便說：「莊子的主觀唯心主義，擴張主觀精神，卻是消極的內
　　向、向幻想世界（所謂『無何有之鄉』）追求在自己的頭腦裡幻造絕對自由
　　的王國，以求精神上的自滿自足，而逃避現實，閉起眼睛來把現實世界幻
　　想為虛幻，把人生看成作夢。……因此，莊子的主觀唯心主義體系便有了
　　這樣一些特徵：虛無主義、阿 Q 精神、滑頭主義、悲觀主義。」（參《莊
　　子內篇譯解和批判》，頁 5。）關氏這樣的說法，完全罔顧了「自然」一詞
　　在道家文獻中作為價值根源的事實。（如《老子》言：「人法地，地法天，

已為「自然」之能動性作出提示。並且，這解釋也使「無為」的理解，脫出「有為－無為」的簡單對立模式，而可以透過「自然」之概念來界定其意義。但到底什麼是「自然」？最簡單的說法，是胡適先生所言：「自是自己，然是如此，『自然』只是自己如此。」[24]但這充其量只能算是字面的翻譯，實際上並沒有給出任何解釋。若以王弼「無稱之言，窮極之辭」（〈二十五章〉）的評斷來看，[25]「自然」本是個超越之辭，實難以具體指稱。惟王注於解「法自然」句時有言：「法自然者，在方而法方，在圓而法圓」（〈二十五章〉），[26]由此則可略知其「自然」之指，似在於「事物之當下呈現、未加任何律度之存在」。觀郭注所言：「自然者，不為而自然者也。故大鵬之能高，斥鴳之能下，椿木之能長，朝菌之能短，凡此皆自然之所能，非為之所能也」，[27]其說「自然」亦以萬物之本然存在為義。故而「無為」之意若以「順自然」來解，則其意大概是要人因順事物之存在而承認之，不以外在的標準律度來加以裁抑。以此義作為工夫的內涵，則其要求不僅是反對見於外的舉手投足之干擾；就其深化的意義而言，甚至連作於心的名言概念亦須排除。關於這點，牟宗三

天法道，道法自然」，「自然」在所法的序位上為最高，明顯地被當作萬物的價值根源。）筆者以為，與其說這是莊子的虛無主義，還不如說是詮釋者將自己的虛無主義觀點投射到了《莊子》文本中。

[24] 胡適：《中國古代哲學史》，頁 53。

[25] 同註 22，頁 22。

[26] 同前註。

[27] 同註 1，第 1 冊，頁 20。

先生有一番精闢的辨析，可作為理解「無為」與「自然」的參
考。其言道：

> 無為是高度精神生活的境界，不是不動。西方人或一般
> 譯者把它譯成 inaction（不動），這是完全失指的。講無
> 為就函著講自然。道家所說的「自然」，不是我們現在所
> 謂自然世界的自然，也不是西方所說的自然主義
> Naturalism。自然主義和唯物論相近，就是一種唯物主
> 義，指的是自然科學所對的自然世界，自然科學研究的
> 都是物理現象，所指的自然是物理世界的自然。……道
> 家講的自然就是自由自在、自己如此，就是無所依靠、
> 精神獨立。精神獨立才能算自然，所以是很超越的境界。
> 西方人所講的自然界中的現象，嚴格講都是他然、待他
> 而然、依靠旁的東西而如此。自然界的現象都在因果關
> 係裏面，你靠我我靠你，這正好是不自然不自在，而是
> 有所依待。[28]

這裡為一個常產生於道家詮釋上的誤解作出澄清，即所謂「無
為」，它的意思不是不動，不是放任不管，而是順任自然。所以
說講無為就函著講自然，無為與自然是一對相涵的概念。「自然」
不是西方觀念中「自然世界」的自然，也不是一般意義下「自
然主義」的自然，這些「自然」指的都是物理現象，是心知的
名言概念架構下所表象的自然。現象中的自然受限於心知所執
的因果規律，在其中，萬物彼此相互依待，所以其實都是他然。

---

[28] 牟宗三：《中國哲學十九講》，頁 89-90。

要實現真正的自然，只有將這些因果關係的思維撤出主觀心境。因而「自然」的徹底實現，就不僅是表面上周文禮樂制度的揚棄而已，它還要更深一層，從心知的造作處將執著解消，讓事物擺脫名言概念的束縛，而回歸其存在上的「本來如此」。此種以「解消心知」為主旨的工夫，在《莊子》文本中有比較多的著墨，於是本來針對「禮崩樂壞」此一發生機緣而提出的「無為」原則，至此被聚焦於「是非殽亂」的根源性問題，而使修養理論推進到更精微的層次。

無為工夫的深化，主要表現在其對治之對象，由外在的禮樂向內收攝到主觀的心。徐復觀先生說：「…但到了莊子，宇宙論的意義，漸向下落，向內收，而主要成為人生一種內在地精神境界的意味，特別顯得濃厚。」[29]又說：「莊子對於心的警惕，特為突出，主要原因，是因為『知』的作用，是從心出來的。而知的作用，一則擾亂自己，不符合養生之道；一則擾亂社會，為大亂之源。」[30]可見「知」的作用，乃是莊子工夫所欲超克的主要對象，而其方法，仍然不外乎「無為」之道。茲舉內篇相關文字以證之：

> 方今之時，臣以神遇，而不以目視，官知止而神欲行。
> 依乎天理，批大郤，導大窾，因其固然。(〈養生主〉)

---

29 同註 5，頁 363。
30 同前註，頁 380。

若一志，無聽之以耳而聽之以心，無聽之以心而聽之以氣。聽止於耳，心止於符。氣也者，虛而待物者也。(〈人間世〉)

夫若然者，且不知耳目之所宜，而遊心乎德之和。(〈德充符〉)

吾守之三日，而後能外天下；已外天下矣，吾又守之，七日而後能外物；已外物矣，吾又守之，九日而後能外生；已外生矣，而後能朝徹；朝徹，而後能見獨；見獨，而後能無古今；無古今，而後能入於不死不生。(〈大宗師〉)

墮肢體，黜聰明，離形去知，同於大通，此謂坐忘。(〈大宗師〉)

汝游心於淡，合氣於漠，順物自然而無容私焉，而天下治矣。(〈應帝王〉)

無為名尸，無為謀府；無為事任，無為知主。體盡無窮，而游無朕；盡其所受乎天，而無見得，亦虛而已！至人之用心若鏡，不將不迎，應而不藏，故能勝物而不傷。(〈應帝王〉)

《莊子》中關於對治心知的無為之道不少，在此不能盡舉，但以上所列，如「心齋」、「坐忘」、「攖寧」諸則，實已涵蓋《莊子‧內篇》中最重要的幾個工夫論篇章。就其內容觀之，其中或者要止息官知之執，或者要保全靈府之和，或者要達致形氣之虛；不管用語如何，主要都是意在於擺脫心知的限制，以使

內在德性獲得解放。德性即落實在人身上的「自然」，讓德性全幅實現，便是王弼所謂「順自然也」，因而也就是「無為」。所以「無為」的實踐原則，在莊子集中地表現為「無知」、「無心」的內涵，而以「擺脫名言造作」為其用力之處。這是老子工夫的深化，標誌著道家理論的進一步開展。

但對於「無知」意涵最精細的闡釋，恐怕還不在上面那些直接討論工夫的文字中，而是在於對心知作用過程的描寫裡。〈齊物論〉中對心知下墮過程的一段敘述，正好可以作為理解莊子修養工夫的憑藉。其言曰：

> 古之人，其知有所至矣。惡乎至？有以為未始有物者，至矣，盡矣，不可以加矣！其次以為有物矣，而未始有封也。其次以為有封焉，而未始有是非也。是非之彰也，道之所以虧也；道之所以虧，愛之所以成。

在第二章中，我們曾經引述這段文字以討論主觀境界的四個層次，但以工夫論的角度將此四個層次逆轉來看，它也提示了生命修養的步步進階：由最下層「是非彰顯」到最高境界「未始有物」，心知的分別割裂是漸次彌合。在現成的（或說現實的）心境中，心知的是非分別是彰明斷然的，道的整全性因而有所虧損，價值的衝突由此產生；這是最糟的狀態。無知的修養，第一步是放棄是非判斷，讓事物回到無價值評判的存在。老子說：「天下皆知美之為美，斯惡已；皆知善之為善，斯不善已。」（〈第二章〉）美善價值的標舉，是醜惡觀感成立的根據，揚棄對美善的偏執，則一切事物便得以呈現其自身價值。儘管如此，事物間仍然有「彼」、「此」的分別，這是價值造作的寄托處，

所以第二步，就是要消弭存在的界限，讓「彼」、「此」的分別無法成立。憨山大師說：「封，猶彼此界限也」，[31]將界限自心知中撤除，則彼此之別便無由生起。不過，「彼」、「此」之界限即使消除，「物」、「我」之主客分別則未曾消失，所以仍屬於「有」的層次，世界與我並非融為一體。於是第三步的工夫，便在於化消「有」的意識，打破一切名言概念的分隔，讓萬物在主觀中回歸到混融的一體性；這即是「未始有物」的至知之境。「未始有物」已是「無」的層次，郭象對此境界形容道：「此忘天地，遺萬物，外不察乎宇宙，內不覺其一身，故能曠然無累，與物俱往，而無所不應也。」[32]天地、萬物、宇宙、一身，所有的名言指涉在此境界中一體俱化、無有分別（所謂「天地一指也，萬物一馬也」），故能與物俱往而無所不應。主體能夠與物俱往而無所不應，正表徵著內在德性的全幅實現，修養能至於此，「無為」的工夫也才算完成。

〈養生主〉說：「吾生也有涯，而知也無涯。以有涯隨無涯，殆已！已而為知者，殆而已矣！」這段文字對生命困頓作出直指核心的揭示，很明確地指出問題根源在於心知。以此領悟作為生命哲學的基調，莊子工夫論表現為「無知」的內容是可想而知的。但是不僅在於個體本身，甚至整個存在界，莊子也洞見到心知在殽亂現象中的根源性。所以他既說：「故天下每每大亂，罪在於好知」（〈胠篋〉），又說：「汝游心於淡，合氣於漠，順物自然而無容私焉，而天下治矣。」（〈應帝王〉），將世界和

---

31 同註11，頁230。
32 同註1，第1冊，頁75。

諧的存與廢，完全寄託於心知造作的解消與否；所以「無知」作為工夫論的主題，在《莊子》中是隨處可見。但即使如此，無為工夫「順自然」的主旨並無改變，顯發德性的修養，自始至終是道家實現內聖外王的唯一途徑。

（二）「耳─心─氣」的三層升進

莊子的工夫理論除了以「無為」作為基本原則外，在修養進階上還表現出一個共通的形式，那就是實踐根據由「感官」、「心知」而「德性」的三層升進。相對於儒家義利之辨的兩層區分，莊子在「心知」之上所增加的一層，特別能表現儒道二家理論間的差異；亦由此，道家哲學的生命洞見可得而窺。

在儒家的觀念中，生命境界是判然二分的。孔子曰：「君子喻於義，小人喻於利」（〈里仁〉），孟子則云：「何必曰利？亦有仁義而已矣」（〈梁惠王上〉），「義」與「利」作為價值標準，將生命分為追求仁義的「君子」和陷溺欲望的「小人」兩層次；不為君子，則為小人，兩者窮盡了生命所有可能。對應於這樣的境界區分，儒家工夫論即表現為由「耳目之官」向「心官」的提升過程：

> 曰：「鈞是人也，或從其大體，或從其小體，何也？」曰：「耳目之官不思，而蔽於物。物交物，則引之而已矣。心之官則思，思則得之，不思則不得也，此天之所與我者。先立乎其大者，則其小者弗能奪也，此為大人而已矣。」（〈告子上〉）

耳目感官因為不能思理，無法自作主宰，故而只能隨外物牽引
而去。[33]心官良知則能對事物加以貞定，而使事物合理，故不為
外物所蔽。[34]所以修養的次第，是「大體」的「心」自覺為德性
主體，則生命便不致受到感官層次的左右而失去方向。這工夫
修養雖然看似「大體」、「小體」間的二擇一活動，但若考慮到
〈告子上〉中「飲食之人無有失也，則口腹豈適為尺寸之膚哉？」
[35]的說法，便可知儒家是從承認感官欲求為起點，而以完成道德
為目的。所以其工夫實踐，亦是將原來缺乏自覺的感性生命，
提升為能自主反思的理性生命，兩層次間是一種升進的關係。

　　這種兩層升進的形態，在孟子的養氣理論中表現尤為明
顯。於「知言養氣」章裡，孟子對告子三層工夫進階的批判，
充分表達出自己的立場。其文云：

　　　　告子曰：「不得於言，勿求於心；不得於心，勿求於氣。」
　　　　不得於心，勿求於氣，可；不得於言，勿求於心，不可。

---

33 楊祖漢先生曰：「耳目之官是感性的，它不能思。此思是思誠思善之思，即
　　德性意義之自覺。耳目以感觸為性，不會有是非善惡之判斷，只會不斷感
　　取外物。耳目本身不能思理，不能覺，是為物；而耳目所感取的，亦是物。
　　耳目不能主宰其自己，很容易便被外物所牽引，而一直往外撲，不能自止。
　　而在此時，人的心，亦會隨耳目之往外撲而向外奔馳。此時之心思，完全
　　都用在如何滿足耳目之欲上，而心的覺性，已被障蔽而不能顯現了。」參
　　王邦雄、曾昭旭、楊祖漢：《孟子義理疏解》，頁 90。

34 朱熹云：「耳司聽，目司視，各有所職而不能思，是以蔽於外物。既不能思
　　而蔽於外物，則亦一物而已。又以外物交於此物，其引之而去不難矣。心
　　則能思，而以思為職。凡事物之來，心得其職，則得其理，而物不能蔽；
　　失其職，則不得其理，而物來蔽之。」同註 8，頁 469-470。

35 趙岐注曰：「如使不失道德，存仁義以往，不嫌於養口腹也。故曰口腹豈但
　　為肥長尺寸之膚哉，亦以懷其道德也。」趙岐注、孫奭疏：《孟子注疏》，《十
　　三經注疏》（臺北：藝文印書館，1997 年），第 8 冊，頁 203。

> 夫志，氣之帥也；氣，體之充也。夫志至焉，氣次焉。(〈公
> 孫丑上〉)

朱熹對此解釋道：「告子謂於言有所不達，則當捨置其言，而不
必反求其理於心；於心有所不安，則當力制其心，而不必更求
其助於氣，此所以固守其心而不動之速也。孟子既誦其言而斷
之曰，彼謂不得於心而勿求諸氣者，急於本而緩其末，猶之可
也；謂不得於言而不求諸心，則既失於外，而遂遺其內，其不
可也必矣。」[36]朱子以為告子的言與心、心與氣之間有著「本末」
的關係——心為言本，氣為心本。心與氣雖然是較為本質的生
命存有，但此存有在開展自我的活動中所需之事象，卻不能不
從外在之言來；[37]所以有得於言，則能有助於心，有得於心，則
可有助於氣。就此序列而言，氣之存在會受心之影響，而心之
活動，亦是受言之影響，三者間具有一種連動關係；是故，言
一不達便可能擾動於心，而心一不達便會擾動於氣。因此告子
的「不動心」，在言論有所不達時，即馬上關閉「言－心－氣」
的連動管道，將紛擾隔絕在外，使生命不為外境所動。徐復觀
先生云：「告子的不得於言，勿求於心，是對於社會上的是非得
失，一概看作與己無關，不去管他，這便不至使自己的心，受

---

36 同註8，頁321。

37 曾昭旭先生曰：「原來依告子的理解，『言』是外在一切事象的描述，『心』
則視作此描述的機構，『氣』才是生命實存的根據。告子以及道家之流既是
即生言性，則在言、心、氣三者中，當然是以氣為主導的概念，而氣更是
只就其自然的生化活動處而言，而並不重視氣的實質與由化而現的一一事
象。所以心的作用，遂只是對應一一由化而現的事象，隨機施以相應的描
述或指點，以成就一一應機而生的言辭罷了。」曾昭旭：《道德與道德實踐》
（臺北：漢光文化事業股份有限公司，1989年），頁82。

到社會環境的干擾。他之所以如此，是與他的『義外』說有關。」
[38]黃俊傑先生也認為「孟子所循乃『主客交融』之途徑，而告子
乃取『主客離析』之道路，二者殊不同科」[39]，由此可知告子修
養雖是「言－心－氣」的三層結構，但其工夫主在隔斷離析，
而非層層升進。反觀孟子的工夫，其著力處就不在隔斷主體內
外的關連，而是在道德心志的挺立。所謂「志至焉，氣次焉」，
他認為道德主體挺立了，生命活動自然隨其所至。儘管孟子也
說「持其志，無暴其氣」，認為氣會反動其心，需要加以注意，
但這似乎不是工夫的核心；浩然之氣的修養，主要還是在於道
德心體的挺立。他對之描述道：

> 其為氣也，至大至剛；以直養而無害，則塞于天地之間。
> 其為氣也，配義與道；無是，餒矣。是集義所生者，非
> 義襲而取之也。行有不慊於心，則餒矣。(〈公孫丑上〉)

這段文字雖然氣象恢弘，其實不過是「志為氣帥」觀念的重申。
作為「體之充」的氣，其所以能至大至剛，關鍵在於「以直養
而無害」，以道義相配則壯（此其所「養」），失道義滋養則餒（此
其所「害」）；這是在氣化生命中挺立心志的工夫。「行有不慊於
心，則餒矣」一句，更是清楚表現「心」對於「氣」的引領作
用。所以孟子說「我善養吾浩然之氣」，「浩然」二字並非專指
氣在量方面的盛大，更是心在氣中挺立的高度。心能完全挺立，

---

38 徐復觀：《中國思想史論集》，頁 147。

39 黃俊傑：《孟學思想史論（卷一）》（臺北：東大圖書股份有限公司，1991
年），頁 361。

則心之所至，氣則隨之，這種完全由道德心作主的境界，即是生命「從其大體」的理想表現。

同樣的態度，貫徹在「心－言」的關係上，則表現為心對於言論的裁決活動，此即所謂「知言」之作用。孟子曰：

> 「何謂知言？」曰：「詖辭知其所蔽，淫辭知其所陷，邪辭知其所離，遁辭知其所窮。生於其心，害於其政；發於其政，害於其事。」（〈公孫丑上〉）

由外而入的「言」，孟子認為也必須依從於「心」的判斷，這種判斷就是「知」的活動。朱子曰：「人之有言，皆本於心。其心明乎正理而無蔽，然後其言平正通達而無病；苟為不然，則必有是四者之病矣。即其言之病，而知其心之失，又知其害於政事之決然而不可易者如此。非心通於道，而無疑於天下之理，其孰能之？」[40]只有以道義之心作為衡量言論的格準，言辭之所蔽、所陷、所離、所窮才能被清楚洞察，否則詖、淫、邪、遁之辭難以覺察，必然生於心、發於政而致害於事。由此說來，心雖然能裁斷言辭，言辭卻也能惑亂於心，這與「心－氣」的關係似乎相近。不管如何，道義之心作為引領生命的最高根據是肯定的，言與氣雖然一在外、一在內，但就孟子看來都該從屬於「心」。所以在修養層次上，或者由言而心，或者由氣而心，兩邊的進程基本上都表現為二層境界的升進關係。對照於孟子「鈞是人也，或為大人，或為小人」的說法，儒家修養境界的二層區分應是可以斷言的。

---

[40] 同註8，頁324。

　　相對於孟子的「養氣」，莊子則有「聽氣」之說，這也就是所謂「心齋」的工夫。心齋工夫在莊子修養論中向來具有舉足輕重的地位，因為就文字的呈現而言，它是「三層境界」形態的典型例子，為工夫的每一步驟作出清楚展示。並且在形式上，它與「知言養氣」章裡告子工夫的三個層次有相當的對應關係，兩者可以透過比較性的研究而彰顯彼此的意義。因此要研究莊子工夫論，「心齋」的工夫論述是絕不可忽略者。其內容如下：

> 若一志，無聽之以耳而聽之以心，無聽之以心而聽之以氣。聽止於耳，心止於符。氣也者，虛而待物者也。唯道集虛。虛者，心齋也。（〈人間世〉）

首先可以注意者，即在「無聽之以耳而聽之以心，無聽之以心而聽之以氣」這句描述，其表現出一個「耳－心－氣」的進程架構，這與告子「言－心－氣」的序列基本上是對應的；但這也只是形式上的相同而已，若論其所至之境，則可以說是迥然相異。如《孟子》「知言養氣」章所述，告子工夫是將「言」、「心」、「氣」三者的連動關係斷開，目的在於捨其外而固其內，以使生命本體不受外界擾動；因此黃俊傑先生才稱這是「主客離析」之道。但以「離析」為工夫，則內外相隔不通，久之則心、氣相繼失養，終必至於枯槁之境；這也就是說，主體欠缺來自外在世界的經驗潤澤，終將成為不活動、無成長的貧乏生命。反觀莊子這邊，無聽之以耳是為了聽之以心，無聽之以心則是為了聽之以氣；生命的實存，最後儘管亦由「氣」作為支撐，但「氣」這概念在莊子，不只是封限於主體內孤明自守的價值根

據而已，它還是與萬物相連繫的大化之一體，內涵著與外物相諧的無窮可能性。

所以「氣」在莊子不是防守紛擾的最後陣地，而是開展真實生命的起點；正是透過它，生命才能與萬物的真實存在相感應。因而〈大宗師〉形容真人是「淒然似秋，煖然似春，喜怒通四時，與物有宜」，[41]假使「氣」只是封鎖於主體內在深處的某種本質，那麼要達到「與物有宜」便是癡人說夢。這與告、孟二子的觀念有很大的不同，告子以「氣」為自然生命，[42]而孟子則以「體之充也」言之，其中殊無「根據」之意。故告子須得義於外，[43]而孟子則帥氣以心，乃因二者皆僅視「氣」為價值受體之故。由此我們亦可領悟到，為何孟子對於氣只說「養」而不言「聽」。「養」是由他物給養之，而「聽」則是他物以之

---

[41] 成疏釋此曰：「聖人無心，有感斯應，威恩適務，寬猛逗機。同素秋之降霜，本無心於肅殺；似青春之生育，寧有意於仁惠！是以真人如雷行風動，木茂華敷，覆載合乎二儀，喜怒通乎四序。」同註1，第1冊，頁232。

[42] 王邦雄先生認為莊子與告子「由耳而心，由心而氣，與由言而心，由心而氣的功夫序列，可謂一致，不同在告子的氣是就自然生命說，莊子的氣卻專就無心說。」（《二十一世紀的儒道》，頁202。）此言中的「自然生命」是指受限於現象界因果法則下的生命，所以並非道家獨化義的「自然」。而「無心」則是言主體在工夫作用下所保存的超越本體，亦即德性。郭象注云：「遺耳目，去心意，而符氣性之自得，此虛以待物者也。」（同註1，第1冊，頁147。）此謂無心無為則能實現氣性，其以「氣」、「性」二字並言，可知其意有相通之處，皆涵「生命之超越本體」（即德性）而言。

[43] 告子曰：「性，猶杞柳也；義，猶桮棬也。以人性為仁義，猶以杞柳為桮棬」，又曰：「性猶湍水也，決諸東方則東流，決諸西方則西流；人性之無分於善不善也，猶水之無分於東西也」、「食色，性也。仁，內也，非外也；義，外也，非內也。」（皆見《孟子・告子上》）可見告子即生言性，生命的內在只是食色之性，並無提供區分善與不善的價值根據，一切的價值判斷之所以可能，根據還是由外在而來。

為聽，一為從而一為主；孟子既言「志至焉，氣次焉」，其氣顯然並非主人，而是從僕，故亦只能接受主人之給養。反觀莊子，其氣則能自作根據，故其工夫便唯氣是聽。

「氣」既在心齋中作為最後根據，相較之下，顯然莊子認為「心」是有問題的；這與孟子的理解有很大的歧異。孟子說：「心之官則思，思則得之」，莊子則言：「心止於符」，一者以心為價值根源，一者認心作執著封限，兩者完全沒有交集。關於這點，牟宗三先生有一對儒道價值創造的分判，其說相當精闢，可作為檢別孟、莊工夫之參考。其言道：

> 此後者（按：指儒家）之創造性是承本心仁體之所命而來，是由性分之命汝必然地要去實現之而表示，是向一方向而創造的。此若就判斷說，即康德所謂「決定判斷」。（認知判斷與道德判斷俱是決定判斷。認知判斷決定外物之質量與關係，道德判斷是決定吾人行為之方向，由定然命令而表象者）。而道家之創生性卻類乎康德所謂「反身判斷」（Reflective judgement）。審美判斷是反身判斷，是無所事事，無所指向的品味判斷（judgement of taste）。故決定判斷亦可曰有指向的判斷，反身判斷亦可曰無指向的判斷。[44]

儒家之「心」的創造，是「決定判斷」，它向一個特定方向去創造價值。特定方向，在儒家認為是「由性分之命汝必然地要實現之」的，具有「天定」的超越意義。但道家不承認心之創

---

[44] 牟宗三：《智的直覺與中國哲學》（臺北：臺灣商務印書館，2000 年），頁209。

造具有「性分」的意義，他們將儒家的「向一方向而創造」看成是執著，因而以此執著做成的決定判斷便只能是封限。所以莊子說：「心止於符」，陳壽昌注曰：「聽以心，則必有心以求其符合，故曰止於符」，[45]心知只能執定一概念標準，而要求外物符合之，這樣的活動顯然是執著封限。王邦雄先生曾以「畫符控制對方」之喻來解釋心知對外物的封限，[46]這是個相當生動的詮釋，充分表現決定判斷的強制性格。畫符的行為就是片面地決定存在標準，並以此標準向外物要求之。這種「決定」，不但在主觀上使外物對我們的呈現失真，在客觀上也確實干擾了外物自身的存在。所以決定判斷的「聽」，在道家是絕對不能接受的。

因此莊子於「心」之上，還要再說「氣」的一層，以作為可靠的創造根源。但莊子的「氣」假如也就只是創造價值，那與孟子的「心」又有什麼不同呢？〈人間世〉說：「氣也者，虛而待物者也」，氣是「待物」而聽的，它不決定外物的存在（此謂之「虛」），而待其自身呈現其自己，這就是牟先生說的「反身判斷」。「反身判斷」沒有指向，所以能避免「造作」的問題；更因其聽任於物（此「物」乃是指作為「物之在其自己」的物），故能與物相諧，實現理想的存在秩序。莊子說：「瞻彼闋者，虛

---

45 陳壽昌：《南華真經正義‧內篇》，頁 24。

46 王邦雄先生云：「所以當有心的時候，就是『心止於符』，你要求符合，要求符應嘛，所以我們就貼一張符，貼一張符就是控制對方……；你把符貼上，就是把他鎮住。事實上我們心的符，就是要求親人朋友被我們定住……所以『心止於符』，好像是把他貼上符一樣，又叫『貼標籤』。」參《走在莊子逍遙的路上》，頁 101。

室生白，吉祥止止」（〈人間世〉），光明之所生必在於虛室之中，吉祥亦只集於至虛至靜之處。[47]道家相信圓滿的價值（吉祥），只能以「虛而待物」的方式體現，而不可能由心知來把握，因為決定判斷對於真實存在的接受必然是有限制的。所以「氣」這一層修養境界的提出，事實上正反映著道家對心知本質的這種洞見。

「心」既然不可靠，那麼在心知之下的「耳」官恐怕就更不可信任。莊子言：「聽止於耳」，俞樾認為：「『聽止於耳』，當作『耳止於聽』，傳寫誤倒也。乃申說『無聽之以耳』之義，言耳之為用，止於聽而已，故『無聽之以耳』也。」[48]張默生先生也說：「耳只能聽聲音，只有感覺的作用，不能明白聲音的意義（其他感官對於外物的感覺亦然）。也可這樣說：耳止於聽，是外馳於物的，是執著一定的對象；……」[49]不管就句法形式或是義理內涵來看，「耳止於聽」的說法都較為合理。在這般意義下，「聽之以耳」所意謂的「聽」，是一種感官刺激的觸動，這種觸動甚至還未進到概念揀擇的層次，而只是一種生理本能的反應罷了。孟子說：「耳目之官不思，而蔽於物；物交物，則引之而已矣」（〈告子上〉），此庶幾可以表現耳目之官的活動性質。對此，勞思光先生講得深刻：

> 嚴格言之，「形軀」實是一對象，而非「主體」；實是一「物」，而非「我」。「形軀」與其他萬物相較，本身實為

---

47 郭注云：「夫吉祥之所集者，至虛至靜也。」同註 1，第 1 冊，頁 151。

48 同前註，頁 148。

49 張默生：《莊子新釋》，頁 152。

> 萬物之一。然人誤以「形軀」為「自我」時,即生出一
> 障執。有此障執,則自我即使自身陷繫於形軀感受之中;
> 故論自我諸境時,「形軀我」即自成為一境。此境實生於
> 一障執,而非主體之顯用也。[50]

耳目作為感物之官,根本無法作主,其取捨對象必然是由於外
在條件的引動;換句話說,耳目之聽沒有「根據」可言。由此
所成就之生命,必然是隨波流蕩不知何往的飄萍人生。

　　修養工夫「耳-心-氣」的三階升進,對應到生命的存在,
實際上也就是主體境界的三個層次。關於此,牟宗三先生在康
德對知性分析的理論基礎上,曾提出對於「自我」的三層意義
之解說,正好可以作為此三層境界區分之註腳。他說道:

> 因此,關於我,我們有三層意義:一、統覺底我;二、
> 作為單純實體的我;三、感觸直覺所覺的我(現象的我)
> 而為「本體」一範疇所釐定者,此則只是一個組構的假
> 我。此三層各有不同的意義,當分別說為三種我:一、
> 統覺底我是邏輯的我,是認知主體;二、作為單純實體
> 的我是超絕的真我,此唯智的直覺相應;三、組構的假
> 我乃是真我之經由感觸直覺之所覺而為認知我所設立之
> 範疇所控制而釐定的一個心理學意義的我。[51]

藉由這番釐清,莊子所表達的三層進境之意義也更加顯明。「聽
之以耳」所組構的主體是「感觸直覺所覺的我(現象的我)而

50　勞思光:《新編中國哲學史(一)》,頁 256-257。
51　同註 44,頁 168。

為「本體」一範疇所釐定者」，所以它實際上並不真的存在，而只是一堆被「本體」範疇所聚攏的感觸直覺，實際上是「真我」經由統覺活動在感觸界的投射，所以說是「假我」。因此工夫修養，首先要擺脫感觸直覺的牽絆，因為這受到外在條件的決定，是最不自由者。其次，認知主體也必須被解消。因為它實際上是統覺活動，會持續不斷以概念範疇組構感觸經驗，而使一切存在落入對待的關係限制中。以「真我」的觀點看，認知主體是執著的根源，不但外在世界的相對性是由其所造作，甚至連「感觸之我」的幻覺亦是由其所生。勞思光先生在論自我之境的三個設準時提及：「有一可由『認知我』中劃出之『形軀我』（Physical Self）；此『劃出』即因此處見自我自身之否定，故不將『形軀我』列為自我境界之一」[52]，意思也是認為「形軀我」是由「認知我」所生出者，它自己根本沒有實在性。由此可以很明白的瞭解到，心知是整個問題的關鍵，若不能解消其組構造作，則作為單純實體的「真我」必然被遮蔽，而無法跟萬物有任何真實的感通。

當然，在莊子的系統中，作為存在實體的「真我」儘管超越於心知，但絕非是「超絕」而不可觸及的；這與康德意義下「意識到思維主體背後有一真我以為其底據或支持者」[53]之形態大不相同。康德的「形上底據」是認知主體依據範疇所推論出者，只是個「設準」而無法證實，所以是「超絕」的；[54]但莊子

---

[52] 同註50，頁249。

[53] 同註44，頁180。

[54] 牟先生指出「由思維主體到形而上的真我乃是一躍進的遙指，由真我到此

的「氣」,則是主觀境界中所呈顯之真實,因而只能說是「超越」
的。莊子的超越實體是以工夫所證的境界為依憑,而非倚靠範
疇概念的憑空架構,因此其所把握的存在是繫於生命實感的。
劉笑敢先生說:「莊子不同於一般的懷疑論者,他在懷疑人類及
其感官的認識能力的時候,並不懷疑直覺體驗的作用,在懷疑
現實世界中的是非善惡的時候,並不懷疑絕對的道,所以莊子
既是一個懷疑主義者,又是一個直覺主義者,把懷疑主義同直
覺主義結合起來是莊子認識論的主要特點。」[55]我們認為,釋莊
子「聽氣」之「聽」為「直覺體驗」是對的,對於「形上底據」
的把握如果不是有真實體驗作為依據,那麼所謂「真我」的意
義就將掛空。但必須申明的是,這種「直覺」的意涵恐怕不是
「懷疑主義」與「直覺主義」等籠統的詞彙所能表盡,它的成
立必須以「不斷地工夫修養」為前提才行。所以說聽之以氣是
「直覺」,可不是講眼下現成的感官直覺,而是經工夫修證而得
的「智的直覺」。在這種直覺的觀照中,萬物存在才具有「真實」

思維主體亦有一轉折的距離。此兩者是異層的異質物。」(同前註)故對於
思維主體而言,「真我」是個永遠無法觸及的存在,永遠與生命實感相隔絕,
故謂之「超絕」。

[55] 劉笑敢:《莊子哲學及其演變》,頁 174。筆者案:對於劉氏此說,有一點
必須特作檢別。說莊子是「懷疑主義」,這提法事實上只對經驗界之知的「心
知」而言才能成立,而說他是「直覺主義」,卻只能就超越之知的「真知」
而言,這兩種「知」根本作用於異質的兩界。故劉氏云:「把懷疑主義同直
覺主義結合起來是莊子認識論的主要特點」,這句話在表述上是有些問題
的。莊子的「懷疑主義」與「直覺主義」不宜說是「結合」,它是各別地針
對經驗與超越兩界而發;若硬要視兩者為「結合」,那則是犯了混淆兩界的
謬誤。

或「自然」的意義；也因於此，「單純實體」或「真我」才不致
成為不可觸及的超絕之物。

（三）「即內聖即外王」的一貫之道

在討論涉世的相關問題時，常見一些學者對莊子的實踐方
法作出「君道」、「臣道」或是「政治」、「處世」的劃分，[56]以標
示其學在不同領域的作用。如此處理雖然便於在理論上作分解
的探討，但若就莊子「實現整體存在之圓滿」的關懷向度而言，
這些分類無疑是對其思想的割裂，可能讓莊子超越而普遍的
「道」，淪為封限於小成的「術」。在前文論及實踐方法時，我
們曾指出「無為」是通貫《莊子》全書的修養原則，而其實際
內容，則是心知執著的消解工夫。此「無為」的工夫主題，不
但貫串著莊子內聖修養的所有內容，即使在外王實踐的脈絡
中，「無為」依然成為唯一的方法。以〈應帝王〉為例，此篇向
來被認為是莊子表達政治理念的重要篇章，但即使在此篇中，
也見不著任何關於政治施設的具體方法；能夠看到的，就只有
對經式義度的批判和對無為修養的重申罷了。方法論呈現一貫
性的事實，除了喻示著莊子在實踐領域上的一體不分，也逼使
我們不得不思考：「無為」作為提升主體生命的內聖工夫，對於
外王領域的事務起著什麼樣的作用？而這個作用，又是以何種
機制來實現？釐清這些問題，才能確定工夫之作用具有跨主客

---

56 譬如蔣錫昌先生即有「帝道」、「臣道」之分類，張默生先生、崔大華先生
亦有「處事態度」與「政治思想」之類的區別。

的涵蓋性，由之也才能令莊子圓滿世界之實現獲得理論上的保
證。

在一個哲學思想中，方法的作用範圍乃是本體高度之展
現；這牽涉到哲人的思想格局。關於莊子的思想格局，一般恒
認為是立於宇宙觀的高度以觀照人間世界，於是表現為對偏狹
立場的超越，和對一切存在的尊重。錢穆先生說：

> 儒墨兩家，似乎都於人道之上又別認有天道。而莊周之
> 於道，則更擴大言之，認為宇宙一切物皆有道，人生界
> 則僅是宇宙一切物中之一界，故人生界同亦有道，而必
> 綜合此人生界之道，與夫其他宇宙一切物之道，乃始見
> 莊周思想中之所謂天道焉……。莊周把道的標準從人生
> 立場中解放，而普遍歸之於宇宙一切物，如是則人生界
> 不能脫離宇宙一切物而單獨建立一標準。換言之，即所
> 謂道者，乃並不專屬於人生界。[57]

這裡所謂對於「人生界之道與一切物之道」的「綜合」，準確地
說應該是主體生命的「擴大」，但這個「擴大」並不是在理論上
呈現其價值，而是必須透過工夫修養的實踐才有意義。知解地
談論「觀點的擴大」，不過是概念的推論，這在中國思想傳統中
並不看重，因為其缺乏生命的實感之故。莊子的「擴大」，是藉
由修養境界的提升，而將道的標準從人生立場中解放，最後普
遍地歸之於宇宙萬物。如此，則道之標準既不能繫於個人，也
不能繫於特定之事類，而必須普遍於一切存在；換句話說，莊

---

57 錢穆：《莊老通辨》，頁 115。

子沒有特殊之道，而只有通行於萬物的天道。因此修養工夫作為實現「道」的方法，不應該有作用領域上的限制，它必然是普遍於一切事類的。假如承認莊子的人道也同時是天道，那麼其達致內聖的工夫必然也同時關涉外王，這是「萬物一體觀」之下的合理想法；而這或許也就是為何「無為」雖然只屬於主體的修養工夫，卻自始至終貫串整個莊子方法論（包含主客兩方面）的原因。

以內聖工夫能有外王作用，意味著實踐方法的一貫性；依這個意思來看，主張一種「無為」以外的應世之道無疑是違背莊子思想的。對於此一說法的挑戰，來自於〈人間世〉中的一段工夫論述。在「顏闔將傅衛靈公大子」章裡，當顏闔請教面對暴君的自處之道時，蘧伯玉回答道：

> 善哉問乎！戒之，慎之，正女身也哉！形莫若就，心莫若和。雖然，之二者有患。就不欲入，和不欲出。形就而入，且為顛為滅，為崩為蹶。心和而出，且為聲為名，為妖為孽。彼且為嬰兒，亦與之為嬰兒；彼且為無町畦，亦與之為無町畦；彼且為無崖，亦與之為無崖；達之，入於無疵。

「形莫若就，心莫若和」這句回答是問題的所在。成玄英疏此云：「身形從就，不乖君臣之禮；心智和順，跡混而事濟之也」，[58]是以「形就」與「心和」為兩段工夫。自成疏以下，往往有同此義而將莊子工夫釋為兩截者。如宣穎即言：「外為親附之形，

內寓調濟之意」；[59]王船山則說：「形之就，亦外曲也；心之和，亦內直也」[60]等，皆是以內、外為不同工夫。就文字句法而論，此說雖亦持之有故，但若真是如此，則違背之前所論證「莊子方法具有一貫性」之義。在本文的看法，認為解決問題不能只執著於「形莫若就，心莫若和」這兩句話上，重點應在於前面「戒之，慎之，正女身也哉」的叮嚀。對於「正」字的強調，《莊子》中並不罕見。以較可靠的〈內篇〉來看，〈逍遙遊〉中有「乘天地之正，而御六氣之辯」一語，〈德充符〉有「幸能正生，以正眾生」之說，而〈應帝王〉則言「夫聖人之治也，治外乎？正而後行，確乎能其事者而已矣」，意思都是要求實踐者回歸真實生命（正生），以感應萬物之真性。[61]真實生命就是德性，體現德性，則生命與天地造化同流，萬物便確乎自能其事，眾生便能自成其正，而一體臻於美善之境。所以莊子並不正眾生，而是使眾生自正；並不治萬物，而是使萬物自能；這就是為什麼〈應帝王〉中狂接輿會發出「夫聖人之治也，治外乎」這句質問的道理。聖人之治只是自正其生，顯發德性以相感於大化之流；而顯發德性，莊子只有「無為」一途，捨此別無其他。

---

[59] 同註 10，頁 108。

[60] 王夫之：《莊子解》，頁 43。

[61] 當然，這裡說的「正」不是一般意義的「正」。一般說「正」，都是把某一具體的內容作為普遍的標準。譬如孔子言「正名」，其性質便是「君子名之必可言也，言之必可行也」（《論語・子路》），所以其「正」是樹立標準以規定存在，屬於康德所說的「決定判斷」。而莊子的「正」，則是使物實現其自己，對其存在不規定內容。（〈齊物論〉中使用的「正」字則屬例外。）所以說：「萬物必以自然為正；自然者，不為而自然者也」（郭象《莊子・逍遙遊》注文）；以不為而使之自然，這是讓開一步而使存在自我呈現，此則屬於康德所謂「反思判斷」。

就此而觀，蘧伯玉所提示的工夫理當只有一事，而無「形」、「心」二重。

所以就理論上的意義來說，「形莫若就，心莫若和」應該不是內外兩截的工夫。如船山自己所指出的，「形之就，亦外曲也；心之和，亦內直也」，這「內直外曲」的手法，不就是莊子所批評的「太多政法而不諜」嗎？「太多政法而不諜，雖固亦無罪。雖然，止是耳矣，夫胡可以及化！猶師心者也。」（〈人間世〉）這話講得很清楚：太多政法卻與事不冥，顯然就是師心造作，如此是不可能及於化世之用的。[62]郭象說得好，「當理無二，而張三條以政之，與事不冥也」，[63]當理既然無二，那麼「形莫若就，心莫若和」怎麼會變成兩截呢？因此對於這兩句話，不宜解為兩段工夫，我們還得另覓恰當的詮釋。在這一點上，張默生先生有一段評註深中肯綮，值得細體。其言道：

> 本段的主旨，在「形莫若就，心莫若和」二語，但形莫若就，並不是完全在玩弄手段，仍當看作是「因物付物」的意思，這與〈應帝王〉篇：「吾與之虛而委蛇，不知其誰何，因以為弟靡，因以為波流。」也是同一意義（可參看彼注）。心莫若和的「和」字，雖可解為「和善」，但此「和善」仍具有絕對的意義，是與道體相合的。因此，我們又可以說，形莫若就，是「用」；心莫若和，是「體」，「體」是無為無形的，故說「和不欲出」；「用」

---

62 成玄英云：「法苟當理，不俟多端，政設三條，大傷繁冗。於理不當，亦不安恬，故於何而可也。」同註1，第1冊，頁145。

63 同前註。

是無心而因應的，故說「就不欲入」。明乎此，才不至淺
視莊子。[64]

「虛而委蛇」，郭注云：「無心而隨物化」[65]，顯然是以「無心」
為工夫，方能實現生命之「隨物化」，所以「虛」是「委蛇」之
體，「委蛇」是「虛」之用。這關係與「形莫若就，心莫若和」
二語所表達的情況相同，「形就」與「心和」也是體用的關係。
凡有體必起用，但有用未必有體，這是必須特別注意的地方。
因此「形之就」一定要從屬於「心之和」，否則有用無體，便成
玩弄手段（有為造作），在道家來看反而更加壞事。所以張默生
先生認為「和」字必須與道體相合，而具有絕對的意義，這看
法是非常諦當的。唯有「心和」與「形就」成為體用關係，兩
者才不會各入其偏（「形入」與「心出」），並且也能體現道通貫
於主客兩界的普遍作用。否則「形就」之術果真獨立而存，那
麼我們便不得不承認莊子有一種無須德性為根據的操作方法
了。

　　因此上引〈人間世〉「彼且為嬰兒，亦與之為嬰兒；彼且為
無町畦，亦與之為無町畦；彼且為無崖，亦與之為無崖」的這
些描述，與其看作外王的方法，不如視為內聖的作用；這不是
見風駛舵的與物逶迤，而是自正其身的應物不傷。或許有解者
以「顏闔將傅衛靈公大子」章後有「汝不知夫養虎者乎？不敢
以生物與之，為其殺之之怒也；不敢以全物與之，為其決之之
怒也；時其飢飽，達其怒心。虎之與人異類而媚養己者，順也；

---

64 同註49，頁161。
65 同註1，第1冊，頁305。

故其殺者，逆也」一段文字，而認為此章內容的確包含著一種以外在對象為主體的順應之道；但若真是如此，則此「順應之道」顯然缺乏超越根據，而將淪為經驗層次的「處世技巧」。在《莊子》中講處世技巧有什麼不妥嗎？其問題在於，「形莫若就」的實踐假使缺乏超越根據，那麼「就不欲入」的要求便絕不可能達成；「入」或「不入」，在經驗層次是根本無法判斷的。所以上面「養虎」一段文字中所說的「虎之與人異類而媚養己者，順也；故其殺者，逆也」，這「順」、「逆」不應僅解為對於虎性之順逆，順逆亦是養虎者對自身德性之順逆。以無心而自順其性，則亦能順萬物之性，人與虎於是兩不相傷。[66]因此蘧伯玉所舉「螳螂」、「養虎」、「愛馬」三喻，重點應在於勸告顏闔勿自是其美，而非遷就太子蒯聵，「戒之，慎之！積伐而美者以犯之，幾矣」這句話，應該才是貫串此三喻之警語。所以消解造作的無心工夫，才是統貫莊子方法論的原則，因為它保證著德性的起用，而使應物實踐有其根據；離此而言因循順應，則其實踐終不免陷落「形就而入」的泥淖中。

由以上的討論來看，主張一種不以「內聖」為根據的「外王」無疑是背離莊子思想的。外王的作用，不能獨立為一種經驗意義的處世方法，而必須根源於內聖的修養工夫，以其所實現的德性為根據，才不致使萬物的和諧淪為偶然。老子曰：「我無為而民自化，我好靜而民自正，我無事而民自富，我無欲而民自樸。」（〈五十七章〉）一切理想存在的實現，都是「無為」

---

[66] 張默生先生言：「養虎之喻，是說無心以順物性，反致虎亦媚己。可見凡事有心去作，無不失敗。」同註49，頁161。

修養的作用；追根究柢，還是在於主體的提升工夫。這「即內
聖即外王」的方法論形態，〈應帝王〉有段文字很能表現其意涵：

> 無為名尸，無為謀府；無為事任，無為知主。體盡無窮，
> 而游無朕；盡其所受乎天，而無見得，亦虛而已！至人
> 之用心若鏡，不將不迎，應而不藏，故能勝物而不傷。

這段文字一開始便連下四個「無為」，足見此原則之重要性。而
究其內涵，不過是由無見得之「虛」以「盡其所受乎天」而已；
換句話說，還是以無為修養去朗現德性之作用。德性的作用是
涵蓋主客兩方的，「勝物而不傷」一語，將莊子「外王」意義作
了最恰當的表述。這裡所謂「勝物」不是指「戰勝萬物」，而是
「勝任萬物」之意。船山就此曾以音釋義，而訓之曰：「勝音升，
任也」，又說：

> 鏡以光應物，而不以明燭物，一知其所知，而不以知示
> 物，雖知妍媸而不是妍以非媸，物皆其影而自無影，現
> 可駭之形而固無損，故於物無傷而物亦不能傷之。帝王
> 之道，止於無傷而已。[67]

此說兼攝「勝物」與「不傷」二義，確實能使文義的詮釋更加
周延。吳怡先生亦有類似的看法，他說道：

> 「勝物」就是超越於物，即是不執著於外物，不為物遷，
> 不為物累。而不是戰敗物、控制物的意思，所以接著「勝
> 物」而說「不傷」。[68]

---

[67] 同註 60，頁 75。
[68] 同註 12，頁 292。

兩人皆從「不傷」之意解釋「勝物」,雖未可謂非,但嫌失之消極,似未能窮盡「勝物」之意涵。在這點上,程兆熊先生之說便稍進於此,其言曰:

> 此「不傷」二字之義至大。要知生命原是完整的,只須不傷;人世原是完整的,只須不傷;天下原是完整的,只須不傷。維摩詰經載維摩詰居士之語云:「彼自無瘡,勿傷之也」。果真能勿傷,會就是德充符。果真能勿傷,會就是大宗師。果真能勿傷,會就是應帝王。以言逍遙遊,養生主與夫人間世,故不待言。而彼此俱能無傷,則更無所謂齊物論。到此之境,一切完整,一切現成,一切自在,一切無碍。[69]

「生命原是完整的,只須不傷;人世原是完整的,只須不傷;天下原是完整的,只須不傷。」在此說法中,「勝物」不僅是「不傷」而已,其更含有「完整」之義。相較於此,王邦雄先生的詮解則更加發揮了積極意義,其言道:

> 勝物就是盡物,就是把對方照得很清楚。盡,讓對方所有都在你的鏡子面前出現,這是我們最大的溫暖,我們瞭解朋友,瞭解同事、父子、家人、兄弟姊妹,還有學生、老師,你要讓他盡,他才沒有遺憾,因為他所有的,你都知道,這叫相知,如何相知?只有鏡子才能看到對方全部,什麼都看到,這叫盡物而不傷,雙方都不會受傷。[70]

---

[69] 程兆熊:《道家思想》(臺北:明文書局,1985 年),頁 411。

[70] 王邦雄:《莊子道》,頁 221。

以「盡物」解「勝物」，強調了修養工夫作為實現原理的意義，如此便讓莊子的外王從一種「避免傷害的方法」，提升為「實現價值之道」。這樣的詮釋，也能為莊子哲學的發展開創更寬廣的格局。

此外就語法的角度來看，若以「勝物」即等於「不傷」之意，則「故能勝物而不傷」一句即成同語重複而為贅詞，不若以「勝物」為對外之「盡物」，而以「不傷」指對自身之無傷，如此則於文意較為通暢，同時也兼顧了無為工夫即主即客的一貫性。陸長庚云：「勝字平讀，言能任萬感也；不傷，謂不損本體」，[71]陳壽昌亦曰：「應萬變而不傷本體」，[72]二人都將「勝物」與「不傷」分別繫屬於外物與本體，卻放在同一句表述「用心若鏡」作用的句子裡；顯然在他們的認識中，「內聖」與「外王」在實踐上是統一的。憨山大師有番話對此意思作了很好的說明，其云：

> 莊子之學，以內聖外王為體用，如前逍遙之至人、神人、聖人，即此所謂大宗師也。且云以塵垢秕糠，猶能陶鑄堯舜，故云道之真以治身，其緒餘土苴以為天下國家；所謂治天下者，聖人之餘事也。以前六篇，發揮大道之妙，而大宗師乃得道之人，是聖人之全體已得乎己也。有體必有用，故此應帝王，以顯大道之用。若聖人時運

---

[71] 陸西星：《莊子南華真經副墨》，頁 315-316。

[72] 同註 45，頁 63。

　　將出，迫不得已而應命，則為聖帝明王，推其緒餘，則
　　無為而化，絕無有意而作為也。[73]

在憨山大師看來，外王事業僅是內聖修養的緒餘土苴；內聖是
體，外王是用，有體必有用，所以內聖已然，則外王必不待言
而至，兩者的關係是必然的；換句話說，若成「大宗師」之體，
則必顯「應帝王」之用。因此言至人之塵垢秕糠，亦有陶鑄堯
舜之功。《莊子·讓王》篇也說：「帝王之功，聖人之餘事。」
聖人之治，無為而自化，其間並無須「勢」之概念介入，帝王
之權位在此不是必要的；聖人之德存，自然會使帝王之功成。
至於憨山所謂「若聖人時運將出，迫不得已而應命，則為聖帝
明王」，這段文句或許有聖人應命即位為帝王之意，但其後既言
「無為而化，絕無有意而作為也」，則帝王之勢位實無所用；此
只是言聖人得道，雖不欲為帝王，亦將迫不得已而應命行化世
之功。

　　故要成帝王事業，不能不先作聖人；而要作聖人，其工夫
乃在於自正。談自正，則必須先「無知」，化除心知的封限畛域。
到頭來，「內聖」、「外王」只是一事，根本沒有不同方法。所以
〈人間世〉雖將「形莫若就」與「心莫若和」兩事相提並論，
但依前文論證而觀之，「形就」的根源顯然在於「心和」，「形就」
應該只能算是「作用」，而不可謂為「工夫」，故而真正修養的
工夫，實際上只有「心和」而已。莊子的工夫，在此就與黃老
之學刻意而施的「因循之術」有了本質上的區別。

---

[73] 同註 11，頁 431-432。

第伍章

即內聖即外王的應世哲學

一、對莊子應世思想的歸結

經過前面幾章的考察與論證，關於莊子的應世思想，我們大體透過作為殽亂根源的「心知」、作為超越根據的「道德」與作為實踐方法的「無為」三個面向，描述了一套通貫主客、即內聖即外王的應世哲學。由於文中的論證牽涉較為廣泛複雜，為了便於展示論述的脈絡，在此將本文內容歸結為五點主要認識，略敘於下：

（一）莊子並非沒有外王面向的關心

由於莊子在實踐上是由「主觀境界的提升」出發，因此其客觀面向的關懷往往容易被掩蓋，不少學者便認為其工夫不具有客觀向度的作用，而否定莊子應世思想的「外王」意義。如崔大華先生說：

> 莊子理想社會所提供的不是世俗的、人類的、物質性的東西，而是某種超俗的、超人類的精神性的東西。[1]

而劉笑敢先生則曰：

---

[1] 崔大華：《莊學研究》，頁 259。

> 莊子對社會現實的根本感受決定了他的思想中心不可能
> 是如何維護社會現實或改造社會現實，而是如何「僅免
> 刑焉」。[2]

雖然兩人說法在關於「顧不顧及物質生命」方面稍有矛盾，但
其對「莊子具有外王關懷」的否定則是一致的。這樣的判斷周
延嗎？我們持保留的態度。雖然，說「莊子『有意於』外王事
業」確實並不恰當，忽視了道家「無心無為」的基本主張；不
過，若因如此便以為其思想與政治之事完全無關，那又未免矯
枉過正。莊子若真無外王關懷，那何必大談「功蓋天下而似不
自己，化貸萬物而民弗恃」（〈應帝王〉）的明王之治？又何必高
論「形莫若就，心莫若和」（〈人間世〉）的為臣之道？[3]這些君臣
之道當然涵有外王面向的關懷，只不過這種關懷不受限於政
治，而是向著「存在界整體」而發，要求萬物的整體實現罷了。
所謂「神鬼神帝，生天生地」、「喜怒通四時，與物有宜，而莫
知其極」（〈大宗師〉），莊子要成全的，不是單一面向的事類，
而是包含一切的存在整體；所以僅從「政治」或是「處世」的
狹隘角度去考察莊子思想的目的，難免會得出「莊子只提供精
神性的東西」這樣的答案。

相對於其他主張有為之治的諸子家派，道家向來以無為之
道自詡；無為之道的作用途徑是「無為而無不為」，「無不為」

---

[2] 劉笑敢：《莊子哲學及其演變》，頁 243。

[3] 蘧伯玉提出的「形就心和」之道，並非僅意在形軀生命的自我保全。顏闔問
的是「與之為無方，則危吾國；與之為有方，則危吾身」，所以蘧伯玉所回
答的應該也是涵蓋「有方」與「無方」的周全之法。若此說成立，則「形
就心和」實乃一「即聖即王」的「身」、「國」兩全之道。

的作用必須以「無為」工夫實現，這或許就是為什麼道家始終被認定沒辦法創生實有萬物的原因。「無為」是「讓開一步」，這很容易讓人以為是「放手不管」，因而無法聯想到它與後來的生成作用之間的關係。其實「無不為」的實現作用就是緊接著「無為」的實踐而來，道家只是承認了創造活動的主體在於「道」而非在於「人」而已。假使承認了這一點，那麼就必須懷疑劉笑敢先生的「僅免刑焉」之說。事實上，〈人間世〉的原文意思似乎不是在教人免刑保身，而是對時衰世亂，時人只能自求保全的境況發出感嘆，其言如下：

> 鳳兮鳳兮，何如德之衰也！來世不可待，往世不可追也。天下有道，聖人成焉；天下無道，聖人生焉。方今之時，僅免刑焉。

「方今之世，僅免刑焉」是因為「何如德之衰也」，這可不是理想狀態，反而是最低的要求。文中明顯可以看出，「天下有道，聖人成焉」才是莊子的理想世界，何謂「成」？顯然是實現萬有。憨山大師解釋道：「言天下有道，則成聖人之事業也」，[4]「有道」就能實現聖人事業，「無道」才只保全生命，這不是明顯道出莊子的外王向度嗎？因此若以為莊子思想只求全生保性，恐怕是將他看小了，同時也錯估了其哲學的能耐。

　　一般對於莊子「外王作用」之爭論，主要關鍵在於「莊子之『道』是否具有客觀實有義」這一點上。若道是客觀實在的，則其作用自然發而為客觀萬物的生成；而若道只是一個超越境

---

4 憨山大師：《莊子內篇憨山註》，頁337。

界，那麼其作用便只能限於主觀中的價值轉化活動。在這一點
上，我們誠然無法直接斷言何者為是、何者為非，因為即使就
深具境界性格的內七篇文字而言，其中也有大談道「有情有信、
自本自根」的段落，就此似乎不能全然推翻其為實有義的可能
性；所以本文認為或者可以就莊子談論道之作用時，以其「是
否及於客觀實在」來判斷之。若以前文「天下有道，聖人成焉」
的句子來看，顯然道有成就存在的作用，故而莊子也才有道「神
鬼神帝，生天生地」（〈大宗師〉），「是萬物之化也，禹舜之紐也」
（〈人間世〉）之說。如此說來，崔大華先生認為莊子不能提供
「世俗的、人類的、物質性的東西」之看法恐怕也是可商榷的。
與其說莊子「不能」提供這些東西，不如說莊子「並不特意」
提供它們，但這也未必表示道便無法實現這些事物，只不過它
是無為而任物之自然罷了。

（二）天地萬物乃諧一的整體

作為生成萬物的根源，道必須含攝一切的存在。這也就是
說，天地萬物之存在是由道所一體保證的，沒有一物能因其它
存在而被否定。因此莊子言：「天地與我並生，而萬物與我為一」
（〈齊物論〉），就是在表示此「萬物一體」的觀念。在此觀念下，
物的存在及其法則都有其先驗性，皆為「必然」實現者，不能
有一物是「偶然」存在，所以萬物間的和諧也因此成為「必然」，
這是對萬物的同體肯定。藉由這一點，無為工夫才獲得其普遍
作用的保證；否則，若有某物對於道是可有可無，那麼「無為」
的實踐，便很難說可以實現什麼。

　　〈齊物論〉篇首的「萬竅怒呺」寓言，為大道創生萬物的
形態作出了很貼切的譬喻。首先，在此寓言中，風吹萬竅而有
籟音，但風本身則無聲響可言；這將大道生化萬物的超越性格
標示了出來。其次，萬籟之音乃是由竅穴自身形狀而發，並非
由於長風的決定；這是表達了道「使物自生」的創生形態。再
者，萬籟的聲響並非一團雜音，而是在長風吹襲中統合為一首
和諧的交響樂；此則又表現了道之生成的和諧性。以外王實踐
的角度而言，此三者尤以「道保證萬物和諧」之義最為重要，
它使萬物歸於和諧成為必然，可以說是莊子外王思想的根基。
缺乏了這一點，要透過「無為」講「外王」恐怕是不可能的，
因為工夫實踐的結果可能仍是一團混亂，什麼都沒完成。

　　當然，這裡說的「必然」（命），不是經驗世界的必然，而
是超越世界的必然。莊子說的「命」，往往具有超越的應然意義。
如〈人間世〉「葉公高將使齊」章中仲尼所言：「子之愛親，命
也！不可解於心」，連子之愛親都說成是命，可見此「命」不是
現實上的必然，而是價值上的「自然」。又比如〈秋水〉篇裡北
海若有言道：「無以人滅天，無以故滅命」[5]，其將「命」與「天」
置於同位，而與「人」、「故」相對，顯然命是居於超越地位，
並非是指落於經驗中的命限。對此，唐君毅先生有言道：

---

[5] 劉師培云：「故即巧故之故，《國語・晉語》云：『多為之故以變其志，』語
　　例正符。郭註『不因其自為而故為之，』非也。〈知北遊〉篇：『真其實知，
　　不以故自持。』故亦巧故，猶《管子・心術》篇所云『去智與故』也。」
　　王叔岷：《莊子校詮》，中冊，頁 612-613。

> 人所受之「命」，與人之所以受命之「生」（性），剋就其
> 相遇之際上說，原可說為二而一，乃不可分之故。在吾
> 人不以故滅命時，吾人之生與化同遊，而苊然直往，則
> 吾自己之「生」與「命」，亦不可分。此即生與命之相成
> 而不二。[6]

在吾人不以故滅命時，「命」與「性」本是一事，一切存在都是
物之在其自己。此時萬物之存在是必然的，萬物之和諧也是必
然的，這些都由道所保證著。直到心知的造作執著介入，萬物
才由一體和諧的超越之境落入割裂對立的經驗世界，也由此，
才開始有衝突殽亂的發生。所以說「萬物存在有其必然性」，乃
是就生成之初的自然狀態講，而非就心知攪和進來以後的現象
世界言。萬物的自然狀態就是道的完全體現，在此情況下整個
存在界成為一體的和諧，根本沒有失序的可能；這是道家理想
中的天國境界。[7]所以莊子外王的思想，便是旨在使萬物回歸造
物之初的自然，如此則即使無所安排，世界依然一片諧和。

---

[6] 唐君毅：《中國哲學原論——導論篇》，頁 551-552。

[7] 牟宗三先生言：「但是道家之道，若用之于治道上，亦實可有它的作用與境
界。它也是叫人君歸於自己之自適自化而讓開一步，讓物物各適其性，各
化其化，各然其然，各可其可。這也是散開而落在各個體上，忘掉你權位
的無限，進而成為道化人格的圓滿自足之絕對與無限。而此圓滿自足之絕
對與無限也是歸於『獨』，故能推開讓開，而讓物物各落在其自身上。故道
化的治道之極致便是『各然其然，各可其可，一體平鋪，歸於現成』，也就
是莊子所說的『無物不然，無物不可』。這也是天地氣象，天國境界。」牟
宗三：《政道與治道》，頁 34。

（三）人間殼亂在於心知的介入

　　雖然早在老子即對於「心知」有所警戒，但直至莊子，才開始將之作為一個哲學主題來探討。莊子思想最具深度的篇章〈齊物論〉，可以說就是針對「心知」的侷限性而作，其中所提出的時代問題——儒墨之是非，追究其因就在於心知的分別作用。心知自是而非他，將「彼是」之分異化為「是非」之別，於是對待轉成了衝突，人人自執其是以非難他人，天下於是大亂。所以說天下之亂起於方寸之間是一點也為過的，以〈胠篋〉篇的歸結，可以這麼說——「天下每每大亂，罪在於好知」，這句話基本上可以代表莊子對人間亂源的認識。

　　心知的作用就是分別和執著，其作用不止於外在對象，甚至從自身生命已然如此。若只就心的分別性而言，這本來不會有什麼問題，但問題在於，「知」的活動只能就感官經驗而發，超越於感官之存在（如德性）則其無法把握，只能形成空的名言概念。於是心往往過度執著於可感覺的形軀，以為這就是生命的全部，而將所有的價值都歸於其上。〈齊物論〉中提到：

> 一受其成形，不亡以待盡。與物相刃相靡，其行盡如馳，而莫之能止，不亦悲乎！終身役役而不見其成功，苶然疲役而不知其所歸，可不哀邪！人謂之不死，奚益！其形化，其心與之然，可不謂大哀乎？人之生也，固若是芒乎？其我獨芒，而人亦有不芒者乎？

形軀本有「成形」與「形化」的兩方面限制，執著其上，「成形」便落於是非之分，「形化」則成為死生之別。將形軀當成價值歸所的結果，就是淪於無限的困苦之中。王邦雄先生對此分析道：

> 根本的問題出在「其心與之然」，心有知的作用，會執著彼是而為是非，執著形化而有死生，成形與形化而心跟進，是非之分與死生之別就會回過來壓迫自己，成了人生的自困自苦，困的是心知，苦的是生命。[8]

「是非之分」與「死生之別」是人生痛苦的來源，其根源乃來自於心知的自我壓迫。但儘管自困自苦，人們卻是渾然不知，有的甚至還樂此不疲。〈養生主〉云：「吾生也有涯，而知也無涯。以有涯隨無涯，殆已！已而為知者，殆而已矣！」對於心知執著的無限追逐，這是人生最大的茫昧。

這種對於形軀的偏執，不只是讓自己陷溺痛苦，同時其作用還波及於外在世界。由於心知只會執著經驗現象，而對於超越的自然完全無法領會，於是所謂「客觀的判斷」變成完全不可能。在無法脫離以心知去應對萬物的情況下，生命與世界的自然韻律是脫節的，它變成擾亂世界的原因；當這種生命形態越來越多時，天下的亂象也就層出不窮。由此而言，心知的影響力是由主體而通向世界的，只要主觀的分別執著不止，客觀的世界便永無寧日。這也就是為何本文始終認為，「心知」在莊子的脈絡中具有「原罪」地位的原因。

---

[8] 王邦雄：《二十一世紀的儒道》，頁 139。

（四）「道」通貫主客兩界而為和諧之根據

道在生成萬物時，一方面予萬物以形體，一方面則予萬物以本性，於是物便有了「存在」與「本質」的兩個方面。關於大道造物的生化活動，徐復觀先生有言道：

> 道由分化、凝聚而為物；此時超越之道的一部分，即內在於物之中；此內在於物中的道，莊子即稱之為德。此亦係繼承《老子》「道生之，德畜之」的觀念。由此不難瞭解，《莊子・內七篇》雖然沒有性字，但正與老子相同，〈內七篇〉中的德字，實際便是性字。因為德是道由分化而內在於人與物之中，所以德實際還是道；因此，便可以說「通於天地者德也」。道是內在在每一物之中，因此，便可以說「行於萬物者道也」。[9]

這一段文字，對「道」、「德」之間的關係有相當清楚的界定。由其中可知，「德」就是經由分化而內在於物中的「道」，「道」則經由「德」而使萬物擁有其個性，道與德兩者是「相同」且「相通」的東西。這個同質的一體關係，對於本文所主張「即內聖即外王」的應世之說，在理論上具有莫大的意義。因為在莊子的應世實踐上，「無為」是通貫的原則，對內它不但負責主觀境界的升進，對外也擔當著客觀萬物的實現。所以若主觀與客觀之間沒有一個共通的聯繫，那麼「內聖」與「外王」要一體實現顯然是件不可能的事。

---

9 徐復觀《中國人性論史——先秦篇》，頁369。

　　不少人對於莊子是否具有外王實踐抱持懷疑的態度，其原因就在於他們不認為德性與客觀實有世界有什麼關係。在這樣的理解下，德性就算在主體中充分實現、境界即使已升至終極之定，[10]那也與外王事業無甚相干。頂多，承認至人因為對於世事的紛擾安之若命，所以可獲得內心的安適平靜；又或者積極一些，承認至人由於不干涉外物，所以給予外物自我發展的空間。以這兩種應世態度而論，後者或許在意義上較為積極，然而這仍稱不上什麼「外王」，因為它缺乏善化世界的創造性意義。即使能給外物自我發展的空間，但實際上到底「自我發展」有沒有可能？或者，「自我發展」這件事到底是好是壞？仍然是難以斷言的。換句話說，假使不承認道具有客觀實在的意義，則「客觀上的使物自生」之主張根本說不通。在主觀中我們雖然將事物放開，覺得如此它便有自己的發展空間，但在客觀世界裡又沒有「道」，那誰來保證它的「自我發展」是好事？所以肯定一個客觀之道體是有其必要的，客觀上生化萬物之「道」的存在，保證了所生萬物皆內在地具有其本性，如此我們的不干涉才有「使其自生」的意義，「無為」工夫才有善化客觀世界的作用。否則，若道只能作用於主觀，無為只是在境界中轉化

---

10 牟宗三先生云：「所謂有昇進有異趣的世界則都屬於價值層的，屬於實踐方面之精神價值的；而若在此實踐方面的精神價值之最後歸趣總是定在自由自在，則有昇進有異趣的世界總歸是一，雖有昇進而亦有終極之定，雖有異趣而亦有同歸之同，而此世界中的萬物即是『物之在其自己』之物，此則終極地決定者，亦即是絕對的真實者或存在者，而不是那可使之有亦可使之無的現象。」牟宗三：《中國哲學十九講》，頁131。

萬物價值，那麼主觀中的放手不干涉，恐怕就是客觀上的使其自生自滅了。

此外，假使說道只存於主觀之中似乎也頗有問題。每個人都內在地具有德性，這是莊子肯定的；而在德性實現下，「主觀能夠照現萬物真實」的作用（真知）也是普遍的；德性及其作用既然都具有普遍性，那怎麼可能沒有一個實有的道作為眾人之德的根源呢？如果沒有客觀的道作為一切個別主觀的根源，則即使修養境界再高，主觀中也未必會呈現具普遍性的內容。一物的真實樣貌，假使在每個至人境界中所呈現都不相同，那麼所謂的「照之於天」恐怕與「成心」也沒什麼太大差別。

假使能夠理解心知為何能由一主觀之病而成為惑亂天下的惡源，那麼或許就可以瞭解德性為何能從個體的本性一轉而為萬物和諧的鑰匙；這兩者其實是同一事。在道通貫主客兩界的意義上，存有的狀態自始至終都只有「道的失廢」與「道的回歸」兩種可能而已；不是偏離本質而走向異化，不然就是回歸本性而找到自己。所以德與道的聯結關係是很重要的，它讓主觀與客觀世界的連續成為可能，從主觀中的改變就足以影響到客觀世界。心知分別是非，則自身之扭曲將感染外界而引動衝突；德性實現真知，則生命會如實反映外物而使其自正。〈德充符〉說：「人莫鑒於流水而鑒於止水，唯止能止眾止。」若不能承認此一通貫主客的連續性，那麼「唯止能止眾止」的化世作用如何可能呢？陳鼓應先生對此注道：「唯有靜止之物，才能止

住一切求靜止者」，[11]要人人「自求靜止」而鑒於止水，可不是件理所當然之事，若非有「道」作為內在要求，則未必人皆欲求靜止。所以無為的作用並非只是自成止水而不鑒照外物；凡成為止水，則物皆必來鑒照以求靜止，如此便開始了「化世」的作用。因此莊子「止水留鑒」之喻，正表現了道通貫主客兩界的必然作用，故而也成為「即內聖即外王」之說得以成立的理論根據。

（五）「無為」工夫保證了「德性」的實現

在莊子以工夫、境界為主的論述脈絡中，修養方法儘管名目繁多，但其基本原則仍不離於老子所提出的「無為」之道。「無為」作為莊子工夫的基本原則，不但是內聖修養的必由之徑，也是通往外王事業的唯一道路。前文曾提及，心知對於莊子而言是一切混亂的源頭，所有的存在問題皆可追因至此，因此作為基本的原則，「無為」的唯一對象就是「心知」。心知由於其分別、執著的作用，會導致內在德性的異化，流波所及，外在萬物也隨之殽亂。由於對這個和諧隳壞之歷程的洞見，無為工夫根本上即是針對心知而提出，其作用就是要超越其分別與執著，使得生命能回歸德性，而至於實現萬物的自然和諧。

可以看出，無為方法通內聖外王為一貫的性格，其實是由於道、德的同體連續性而來。莊子說：「通於天地者，德也；行於萬物者，道也」（〈天地〉），由於德性上接於道而與萬物通為一體，所以外王實踐只須由主體內在實現德性，而無須向外逐

---

11 陳鼓應：《莊子今註今譯》，上冊，頁 157。

物無涯。德性起用必將感應萬物，而使之自己成其自己。掌握
了這個意思，就能從根源上釐清一個關於莊子應世實踐的重要
問題，即：是否有一種分別是對內超越和對外因順的兩向性實
踐方法？這個問題，起於〈人間世〉「顏闔將傳衛靈公大子」章
中蘧伯玉的說法，他主張的應世方法是：

> 形莫若就，心莫若和；雖然，之二者有患。就不欲入，
> 和不欲出。

一邊是形，要求遷就；一邊是心，講究調和。[12]若只就文字表面
來看，很容易認為是兩段方法。一方面對內超越，一方面對外
隨順，講起來似乎很和邏輯。但如果從剛才所說「道、德同體
連續」的觀念來考量，便知「心莫若和」與「形莫若就」兩者
間應視為體用關係較恰當。以莊子義理而言，單獨講對內超越
的「心莫若和」還沒什麼問題，但若是獨立說對外隨順的「形
莫若就」則問題頗大。因為「形莫若就」假使不根源於德性，
而光只是從順於外物，那不然就是因執著對象而致逐物不返，
不然就是棄知去己地淪於「死人之理」；[13]兩者皆非「稠適而上
遂」的超越之道。所以莊子思想不宜以「因循」為體，而應將
之視作「無為」之用，否則極易流於黃老之術用。

---

[12] 林希逸：「和，調和，誘導之也。」《莊子鬳齋口義校注》，頁72。

[13] 〈天下〉篇的作者，對於高唱「棄知去己」、「塊不失道」之說的慎到曾作
出嚴厲的批評，其言曰：「慎到之道，非生人之行，而至死人之理，適得怪
焉！」

二、結語：「無用之用」的外王實踐

一般對莊子思想的認識，主要在於其解放精神的生命哲學部分，而對於其涉世活動的理解，主要亦集中在「如何自處」與「不傷外物」這兩點上，較少從積極化世的角度切入，去考察其哲學可能的作用。因此長期以來，莊子的思想性研究多半鎖定於工夫論、境界論或者存有論這些主題，對於外王或政治方面，則論者不多。這樣的情形曾經令筆者感到疑惑，因為即使道家思想向來並不被認為有客觀建構的一面，關於老子政治思想的論著也不在少數，而道家黃老學者如慎到、申不害者流，其學已轉向法家，更無庸論其有否政治方面的研究。獨獨在於莊子，其學雖發生於戰國爭亂之世，政治思想卻少人提及，且其書中明明造有「外王」一詞，卻罕有莊子外王研究面世。假使莊子如人所言是注解老子者，則其書中豈能無政治的相關議題？

但在持續接觸《莊》書後，筆者便稍知其難。莊子之言，滿滿是工夫境界，大鵬蝴蝶之喻又玄遠深指，要用以論述具體之政治或外王，本來有其難處。而且莊子之修養目的，總歸是要實現德性，然而在其「德不形於外」的主張中，根本無法依德性作出任何決定判斷。所以能見到的莊子政治論著，往往僅是言其「解構」之意（如以〈駢拇〉、〈馬蹄〉、〈胠篋〉等篇為據者），而非積極建樹之面。這樣的理解路數，就文獻呈現來講當然也沒什麼不對，莊子的確重生輕物，求內聖而未求外王；不過若只以這樣的層次詮解莊子，那可能就未能盡其「無用之用」義。〈逍遙遊〉之末云：

> 今子有大樹，患其無用，何不樹之於無何有之鄉，廣莫
> 之野，彷徨乎無為其側，逍遙乎寢臥其下。不夭斤斧，
> 物無害者，無所可用，安所困苦哉！

大樹「無用」是因為要用其「大」，同樣的，工夫「無求」是因
為要求其「全」。無為工夫並不顯立即之用，而旨在實現其德，
以使生命上通大道造化之流，然後與萬物相諧。這種回歸大道
本然秩序的「外王」，才能必然地使物自正，而達成萬物之和諧。
所以莊子的「心齋」可以達致鬼神來舍，而「坐忘」則能同於
大通：其所言之主觀的極境，無一不與客觀的萬物相連，而實
現萬物存在之一體性。

對於莊子的外王，徐復觀先生有段描述說得比較貼切，指
出了莊子政治思想的關鍵要素。其言道：

> 莊子對政治的態度，不是根本否定它，乃是繼承老子無
> 為之旨，在積極方面，要成就每一個人的個性；在消極
> 方面，否定一切干涉性的措施。不過莊子要成就的個性，
> 不是向外無限制伸展的個性；因為若是如此，便會人我
> 發生衝突，反而使人我皆失其性。莊子所要成就的，乃
> 是向內展開的，向道與德上昇的個性；這在他，便稱之
> 為「安其性命之情」。能安其性命之情，亦即是使人能從
> 政治壓迫中解放出來以得到自由。[14]

莊子是以萬物「個性」之實現來達成外王，但這種「個性」，可
不是心知活動下的執著欲求，而是超越經驗的物之在其自己；

---

[14] 同註9，頁409。

在人而言，就是工夫修養後所實現的德性生命。這種個性，是
大道創生之初的物之自然（莊子所謂「正生」），在萬物一體的
存在中，物物之間彼此是必然相契的。所以和諧的實現無庸安
排，也不顯創造相。雖然如此，對於經驗中的殽亂現實而言，「即
內聖即外王」之實踐確然將一種最適切的存在樣態帶給萬物，
所以我們認為這也可以算是是一種善化世界的創造活動。事實
上，也唯有在這種實踐形態下，「外王」一詞對於莊子哲學而言
才顯出真正的意義。

參考資料

一、典籍注疏

王　弼：《老子注》，《老子四種》，臺北：大安出版社，1999
　　年。

王夫之：《莊子解》，香港：中華書局，1989年。

王先謙：《莊子集解》，北京：中華書局，1987年。

王孝魚：《莊子內篇新解、莊子通疏證》，長沙：岳麓書社，
　　1983年。

王叔岷：《莊子校詮》，臺北：中央研究院歷史語言研究所，
　　1999年。

王闓運：《莊子內篇注及雜篇選註》，嚴靈峰編輯：《莊子集
　　成續編》卷36，臺北：藝文印書館，1974年。

朱　熹：《四書章句集注》，臺北：大安出版社，1996年。

朱謙之：《老子校釋》，臺北：漢京文化事業股份有限公司，
　　1985年。

吳　怡：《新譯老子解義》，臺北：三民書局，1994年。

───：《新譯莊子內篇解義》，臺北：三民書局，2000年。

李滌生：《荀子集釋》，臺北：臺灣學生書局，1994年。

杜保瑞：《莊周夢蝶》，臺北：書泉出版社，1995年。

林希逸：《莊子鬳齋口義校注》，北京：中華書局，1997年。

俞　樾：《諸子平議》，臺北：世界書局，1991 年。

宣　穎：《南華經解》，嚴靈峰編輯：《莊子集成續編》卷 32，
　　　臺北：藝文印書館，1974 年。

奚　侗：《莊子補註》，嚴靈峰編輯：《莊子集成續編》卷 40，
　　　臺北：藝文印書館，1974 年。

馬敘倫：《莊子義證》，臺北：弘道文化事業，1970 年。

───：《莊子天下篇述義》，《莊子研究論集》，臺北：木
　　　鐸出版社，1983 年。

崔大華：《莊子歧解》，鄭州：中州古籍出版社，1988 年。

張默生：《莊子新釋》，濟南：齊魯書社，1996 年。

───：《老子章句新釋》，《老子的人生大智慧》，臺北：
　　　明日世紀，2002 年。

曹礎基：《莊子淺注》，北京：中華書局，2002 年。

許　慎撰，段玉裁注《說文解字注》，臺北：天工書局，1992
　　　年。

郭慶藩：《莊子集釋》，北京：中華書局，1997 年。

陳鼓應：《莊子今註今譯》，臺北：臺灣商務印書館，1999 年。

陳壽昌：《南華真經正義》，臺北：新天地書局，1972 年。

陳榮捷：《王陽明傳習錄詳註集評》，臺北：臺灣學生書局，
　　　1988 年。

陸西星：《莊子南華真經副墨》，臺北：自由出版社，1974 年。

焦　竑：《莊子翼》，臺北：廣文書局，1970 年。

———：《老子翼》，臺北：廣文書局，1993 年。

黃錦鋐：《新譯莊子讀本》，臺北：三民書局，2006 年。

趙　岐注、孫　奭疏：《孟子注疏》，《十三經注疏》第 8 冊，臺北：藝文印書館，1997 年。

劉　武：《莊子集解內篇補正》，北京：中華書局，1987 年。

劉文典：《莊子補正》，臺北：新文豐出版社，1975 年。

———：《淮南鴻烈集解》，北京：中華書局，1997 年。

黎靖德編：《朱子語類》，北京：中華書局，1999 年。

錢　穆：《莊子纂箋》，臺北：東大圖書股份有限公司，1993 年。

鍾　泰：《莊子發微》，上海：上海古籍出版社，2002 年。

譚戒甫：《莊子天下篇校釋》，臺北：臺灣商務印書館，1985 年。

瀧川龜太郎：《史記會注考證》，臺北：大安出版社，1998 年。

嚴靈峰：《莊子章句新編》，《經子叢著》第 2 冊，臺北：國立編譯館中華叢書編審委員會，1983 年。

釋德清：《莊子內篇憨山註》，臺北：新文豐出版公司，1973 年。

顧　實：《莊子天下篇講疏》，臺北：臺灣商務印書館，1980 年。

二、相關論著

小野澤精一、福永光司、山井湧：《氣的思想》，上海：上海
　　人民出版社，1999 年。

方東美：《中國人生哲學》，臺北：黎明文化事業公司，1993
　　年。

———：《原始儒家道家哲學》，臺北：黎明文化事業公司，
　　1993 年。

王　凱：《逍遙遊——莊子美學的現代闡釋》，武漢：武漢大
　　學出版社，2003 年。

王　博：《莊子哲學》，北京：北京大學出版社，2004 年。

王邦雄：《中國哲學論集》，臺北：臺灣學生書局，1983 年。

———：《人人身上一部經典》，臺北：漢光文化事業股份有
　　限公司，1993 年。

———：《老子的哲學》，臺北：東大圖書股份有限公司，1993
　　年。

———：《韓非子的哲學》，臺北：東大圖書股份有限公司，
　　1993 年。

———：《儒道之間》，臺北：漢光文化事業股份有限公司，
　　1994 年。

———、岑溢成、楊祖漢、高柏園：《中國哲學史》，臺北：
　　國立空中大學，1995 年。

———、曾昭旭、楊祖漢：《孟子義理疏解》，臺北：鵝湖出
　　版社，1998 年。

———：《二十一世紀的儒道》，臺北：立緒文化事業公司，1999 年。

———：《莊子道》，臺北：漢藝色研文化事業有限公司，1999 年。

———：《走在莊子逍遙的路上》，臺北：臺灣商務印書館，2004 年。

王叔岷：《先秦道法思想講稿》，臺北：中央研究院中國文哲研究所，1999 年。

包兆會：《莊子生存論美學研究》，南京：南京大學出版社，2004 年。

史華茲：《古代中國的思想世界》，南京：江蘇人民出版社，2003 年。

任繼愈：《中國哲學發展史‧先秦》，北京：人民出版社，1998 年。

宇野精一：《中國思想（二）道家與道教》，臺北：幼獅文化事業公司，1994 年。

安繼民、高秀昌、王守國：《道家雙峰》，開封：河南大學出版社，2001 年。

江　琭：《讀子卮言》，臺北：廣文書局，1982 年。

池田知久：《莊子「道」的思想及其演變》，臺北：國立編譯館，2001 年。

牟宗三：《智的直覺與中國哲學》，臺北：臺灣商務印書館，1971 年。

———：《圓善論》，臺北：臺灣學生書局，1985 年。

———：《中西哲學之會通十四講》，臺北：臺灣學生書局，1990 年。

———：《現象與物自身》，臺北：臺灣學生書局，1996 年。

———：《政道與治道》，臺北：臺灣學生書局，1996 年。

———：《才性與玄理》，臺北：臺灣學生書局，1997 年。

———：《中國哲學十九講》，臺北：臺灣學生書局，1997 年。

———：《四因說演講錄》，臺北：鵝湖出版社，1997 年。

———：《從陸象山到劉蕺山》，臺北：臺灣學生書局，2000 年。

牟復禮著，王立剛譯：《中國思想之淵源》，北京：北京大學出版社，2009 年。

余英時：《中國知識階層史論（古代篇）》，臺北：聯經出版事業股份有限公司，1997 年。

———：《歷史與思想》，臺北：聯經出版事業股份有限公司，2003 年。

吳汝鈞：《老莊哲學的現代析論》，臺北：文津出版社，1998 年。

呂思勉：《先秦學術概論》，上海：世界書局，1933 年。

———：《經子解題》，臺北：臺灣商務印書館，1996 年。

呂錫琛：《道家道教與中國古代政治》，長沙：湖南人民出版社，2002 年。

李　霞：《生死智慧——道家生命觀研究》，北京：人民出版
　　　社，2004 年。

李約瑟：《中國科學技術史（Ⅱ）》，臺北：敦煌書局，1985
　　　年。

杜維明：《儒家思想》，臺北：東大圖書股份有限公司，1997
　　　年。

那　薇：《道家與海德格爾相互詮釋》，北京：商務印書館，
　　　2004 年。

侯外廬、趙紀彬、杜國庠：《中國思想通史》，北京：人民出
　　　版社，1995 年。

封思毅：《莊子詮言》，臺北：臺灣商務印書館，1997 年。

施友忠：《二度和諧及其他》，臺北：聯經出版事業股份有限
　　　公司，1976 年。

胡　適：《中國中古思想史長篇》，臺北：遠流出版事業公司，
　　　1994 年。

───：《中國古代哲學史》，合肥：安徽教育出版社，1999
　　　年。

胡楚生：《老莊研究》，臺北：臺灣學生書局，1992 年。

胡道靜：《十家論莊》，上海：上海人民出版社，2004 年。

韋政通：《中國思想史方法論文選集》，臺北：水牛圖書出版
　　　事業有限公司，1993 年。

唐君毅：《哲學論集》，臺北：臺灣學生書局，1990 年。

———：《中國哲學原論——原道篇卷一》，臺北：臺灣學生書局，1992 年。

———：《中國哲學原論——原道篇卷二》，臺北：臺灣學生書局，1993 年。

———：《中國哲學原論——導論篇》，臺北：臺灣學生書局，1993 年。

———：《哲學概論》，臺北：臺灣學生書局，1996 年。

孫振青：《知識論》，臺北：五南圖書出版股份有限公司，1994 年。

徐文珊：《先秦諸子導讀》，臺北：幼獅文化事業股份有限公司，1995 年。

徐克謙：《莊子哲學新探——道、言、自由與美》，北京：中華書局，2005 年。

———：《先秦思想文化論札》，北京：中華書局，2007 年。

徐復觀：《中國思想史論集》，臺北：臺灣學生書局，1993 年。

———：《中國人性論史——先秦篇》，臺北：臺灣商務印書館，1994 年。

———：《中國藝術精神》，臺北：臺灣學生書局，1996 年。

———：《中國思想史論集續篇》，上海：上海書店出版社，2004 年。

袁保新：《老子哲學之詮釋與重建》，臺北：文津出版社，1997 年。

高柏園：《莊子內七篇思想研究》，臺北：文津出版社，2000
　　年。

涂光社：《莊子範疇心解》，北京：中國社會科學出版社，2003
　　年。

商原李剛：《道治與自由》，北京：社會科學文獻出版社，2005
　　年。

屠友祥：《言境釋四章》，上海：上海人民出版社，1998 年。

崔大華：《莊學研究》，北京：人民出版社，1992 年。

康中乾：《有無之辨──魏晉玄學本體思想再解讀》，北京：
　　人民出版社，2003 年。

康　德著，牟宗三譯註：《判斷力之批判》，臺北：臺灣學生
　　書局，2000 年。

───著，───譯註：《康德的道德哲學》，臺北：臺灣學
　　生書局，2000 年。

康　德著、鄧曉芒譯：《判斷力批判》，北京：人民出版社，
　　2002 年。

張　涅：《莊子解讀──流變開放的思想形式》，濟南：齊魯
　　書社，2003 年。

張立文主編：《氣》，北京：中國人民大學出版社，1990 年。

張成秋：《莊子篇目考》，臺北：臺灣中華書局，1971 年。

張岱年：《中國哲學大綱》，北京：中國社會科學出版社，1982
　　年。

張松如、陳鼓應、趙明、張軍：《老莊論集》，濟南：齊魯書
　　社，1987年。

張松輝：《莊子疑義考辨》，北京：中華書局，2007年。

張炳陽：《從自然到自由——以〈莊子·養生主〉為核心的考
　　察》，臺中：明目文化事業有限公司，2003年。

張恒壽：《莊子新探》，武漢：湖北人民出版社，1983年。

張祥龍：《海德格爾思想與中國天道》，北京：三聯書店，1997
　　年。

張舜徽：《周秦道論發微》，臺北：木鐸出版社，1988年。

強　昱：《知止與照曠》，北京：宗教文化出版社，2004年。

曹俊峰：《康德美學導論》，臺北：水牛出版社，2003年。

梁啟超：《諸子考釋》，臺北：臺灣中華書局，1976年。

———：《先秦政治思想史》，臺北：東大圖書股份有限公司，
　　1993年。

郭沫若：《中國古代社會研究》，石家莊：河北教育出版社，
　　2000年。

陳少明：《〈齊物論〉及其影響》，北京：北京大學出版社，
　　2004年。

陳引馳：《莊子精讀》，上海：復旦大學出版社，2005年。

陳修齋、段德智：《萊布尼茨》，臺北：東大圖書股份有限公
　　司，1994年。

陳鼓應：《老莊新論》，上海：上海古籍出版社，1997年。

———編：《道家文化研究》第 15 輯，北京：三聯書店，1999
　　年。

陳榮捷：《中國哲學論集》，臺北：中央研究院中國文哲研究
　　所，1994 年。

陳德和：《從老莊思想詮詁莊書外雜篇的生命哲學》，臺北：
　　文史哲出版社，1993 年。

———：《道家思想》，臺北：里仁書局，2005 年。

陶國璋：《莊子齊物論義理演析》，香港：中華書局，1999 年。

陶鴻慶：《讀諸子札記》，臺北：世界書局，1975 年。

傅佩榮：《儒道天論發微》，臺北：臺灣學生書局，1985 年。

傅武光：《中國思想史論集》，臺北：文津出版社，1990 年。

傅偉勳：《從創造的詮釋學到大乘佛學》，臺北：東大圖書股
　　份有限公司，1999 年。

傅斯年：《傅斯年全集》，臺北：聯經出版事業股份有限公司，
　　1980 年。

勞思光：《新編中國哲學史（一）》，臺北：三民書局，1995
　　年。

曾仰如：《形上學》，臺北：臺灣商務印書館，1994 年。

曾昭旭：《道德與道德實踐》，臺北：漢光文化事業股份有限
　　公司，1989 年。

———：《在說與不說之間》，臺北：漢光文化事業股份有限
　　公司，1992 年。

程兆熊：《道家思想》，臺北：明文書局，1985 年。

馮友蘭：《中國哲學史新編》，臺北：藍燈文化事業股份有限公司，1991 年。

———：《中國哲學史》，臺北：臺灣商務印書館，1999 年。

黃俊傑：《孟學思想史論（卷一）》，臺北：東大圖書股份有限公司，1991 年。

———編：《天道與人道》，臺北：聯經出版事業股份有限公司，1989 年。

黃開國、唐赤蓉：《諸子百家興起的前奏》，成都：巴蜀書社，2004 年。

愛蓮心：《嚮往心靈轉化的莊子》，南京：江蘇人民出版社，2004 年。

楊　寬：《戰國史》，臺北：臺灣商務印書館，1998 年。

楊幼炯：《中國政治思想史》，北京：商務印書館，1998 年。

楊祖漢：《中庸義理疏解》，臺北：鵝湖出版社，2002 年。

楊國榮：《以道觀之：莊子哲學思想闡釋》，臺北：水牛出版社，2007 年。

楊儒賓：《先秦道家道的觀念的開展》，臺北：臺灣大學中文所，1983 年。

———：《莊周風貌》，臺北：黎明文化事業股份有限公司，1991 年。

葉廷幹：《老子索引》，臺北：文史哲出版社，1979 年。

葉海煙：《老莊哲學新論》，臺北：文津出版社，1997 年。

───：《莊子的生命哲學》，臺北：東大圖書股份有限公司，1999 年。

葉國慶等：《莊子研究論集》，臺北：木鐸出版社，1982 年。

熊鐵基、劉固盛、劉韶軍：《中國莊學史》，長沙：湖南人民出版社，2003 年。

聞一多：《周易與莊子研究》，成都：巴蜀書社，2002 年。

蒙培元：《情感與理性》，北京：中國社會科學出版社，2002 年。

───：《人與自然》，北京：人民出版社，2004 年。

趙衛民：《莊子的道》，臺北：文史哲出版社，1998 年。

劉述先等：《當代新儒學論文集‧外王篇》，臺北：文津出版社，1991 年。

劉笑敢：《莊子哲學及其演變》，北京：中國社會科學出版社，1988 年。

───：《兩種自由的追求：莊子與沙特》，臺北：正中書局，1994 年。

劉榮賢：《莊子外雜篇研究》，臺北：聯經出版事業股份有限公司，2004 年。

劉澤華：《中國古代政治思想史》，天津：南開大學出版社，1997 年。

蔣伯潛：《諸子通考》，臺北：正中書局，1991 年。

蔣錫昌：《莊子哲學》，上海：商務印書館，1937 年。

———：《老子校詁》，臺北：東昇出版事業公司，1980 年。

蔡明田：《莊子的政治思想》，臺北：牧童出版社，1974 年。

鄭　開：《道家形而上學研究》，北京：宗教文化出版社，2003
　　年。

鄭世根：《莊子氣化論》，臺北：臺灣學生書局，1993 年。

鄧曉芒：《康德哲學演講錄》，桂林：廣西師範大學出版社，
　　2005 年。

蕭公權：《中國政治思想史》，臺北：中國文化大學出版部，
　　1993 年。

錢　穆：《中國思想通俗講話》，臺北：東大圖書股份有限公
　　司，1990 年。

———：《先秦諸子繫年》，臺北：東大圖書股份有限公司，
　　1990 年。

———：《莊老通辨》，臺北：東大圖書股份有限公司，1991
　　年。

———：《中國思想史》，臺北：蘭臺出版社，2001 年。

錢基博：《讀莊子天下篇疏記》，臺北：臺灣商務印書館，1967
　　年。

謝祥皓、李思樂：《莊子序跋論評輯要》，武漢：湖北教育出
　　版社，2001 年。

韓林合：《虛己以遊世》，北京：北京大學出版社，2006 年。

顏世安：《莊子評傳》，南京：南京大學出版社，1999 年。

顏崑陽：《莊子藝術精神析論》，臺北：華正書局，1985 年。

———：《莊子的寓言世界》，臺北：漢藝色研文化事業有限公司，2005 年。

羅安憲：《虛靜與逍遙》，北京：人民出版社，2005 年。

羅根澤：《諸子考索》，九龍：學林書店，1977 年。

關　鋒：《莊子內篇譯解和批判》，北京：中華書局，1961 年。

三、學位論文

林俊宏：《莊子的政治觀——個思想典範的詮釋》，政治大學政治所，碩士論文，1992 年 1 月。

林鈺清：《莊子淑世思想之研究》，南華大學哲研所，碩士論文，2003 年 6 月。

邱茂波：《從「內聖外王」論莊子哲學及其重要詮釋》，文化大學哲研所，博士論文，2003 年 6 月。

金登戀：《莊子的政治思想》，文化大學政治所，碩士論文，民 2001 年 6 月。

洪已軒：《老子與莊子的天道政治思想》，政治大學政治所，碩士論文，2002 年 6 月。

郭應哲：《莊子明王之治思想》，臺灣大學政治所，碩士論文，1991 年 6 月。

陳政揚：《孟子與莊子「內聖外王」研究》，東海大學哲研所，博士論文，2003 年 6 月。

陳順德：《莊子政治思想中個人與國家關係之研究》，中山大學政治所，碩士論文，1998 年 6 月。

陳靜容：《先秦儒家思想研究的再思考—以「和」作為詮釋進路
　　之可行性及其義涵之開拓研究》，東華大學中文所，碩士
　　論文，2003 年 6 月。

黃源典：《莊子之治道觀》，南華大學哲研所，碩士論文，2000
　　年 6 月。

楊家榮：《立乎不測——〈莊子・應帝王〉文本結構的詮釋與分
　　析》，華梵大學哲研所，碩士論文，2008 年 6 月。

四、單篇論文

毛忠民：〈老子知識學研究〉，《哲學論集》25 期，1991 年 7 月。

王　青：〈論天下篇為莊子各派理論之總結〉，《中國哲學史，複
　　印報刊資料)》1993 年 4 期。

王邦雄：〈莊子哲學的生命精神（上）〉，《鵝湖月刊》30 期，1977
　　年 12 月。

———：〈莊子哲學的生命精神（下）〉，《鵝湖月刊》31 期，1978
　　年 1 月。

———：〈莊子齊物論儒墨兩行之道〉，《鵝湖月刊》200 期，1992
　　年 2 月。

———：〈老子是權謀思想嗎？——道德經卅六章的現代詮
　　釋〉，《鵝湖月刊》101 期，1983 年 11 月。

———：〈齊物論（上、下）〉，《鵝湖月刊》211 期，1993 年 1
　　月。

———：〈怒者其誰！？〉，《中央日報・副刊》，2003 年 3 月 25

日。

———：〈莊子心齋「氣」觀念的詮釋問題〉，《淡江中文學報》14 期，2006 年 6 月。

朱義祿：〈從人的價值看莊子的學說〉，《中國文化月刊》168 期，1993 年 10 月。

江美華：〈從渾沌寓言探討莊子思想中的主體性〉，《花蓮師院學報》，2000 年 11 期。

牟宗三：〈莊子《齊物論》講演錄（十二）〉，《鵝湖月刊》329 期，2002 年 11 月。

何　俊：〈中國哲學傳統中的反智論傾向〉，《哲學與文化》25 卷 5 期，1998 年 5 月。

吳建明：〈論莊子對命的思考及其安命之可能〉，《鵝湖月刊》311 期，2001 年 5 月。

呂玉華：〈略論莊子內篇中命的概念〉，《中國語文》526 期，2001 年 4 月。

呂祝義：〈生命中該不該有執著？——剖析莊子齊物論之「真我」觀〉，《國教之友》46 卷 2 期，1994 年 9 月。

宋伯年、牛國玲：〈中國文化史上對宇宙本體最早的探索——論莊子的宇宙觀和社會觀〉，《澳門理工學報》，2004 年 4 期。

李正治：〈周文解體與先秦諸子對禮樂價值的思索〉，《鵝湖月刊》21 卷 11 期，1996 年 5 月。

李美燕：〈析論莊子齊物論：由相對通達絕對的辯證思維與詭辭

語言——兼與秋水篇作一比較〉,《屏東師院學報》9 期,
1996 年。

———:〈從「莊周夢蝶」論莊子的「物化」觀〉,《屏東師院學報》10 期,1997 年。

李若鶯:〈論莊子處世哲學的本質〉,《高雄師大學報》14 期,2003年 4 月。

李漢相:〈先秦的和合思想〉,《鵝湖月刊》29 卷 9 期,2004 年 3月。

杜維明:〈試談中國哲學中的三個基調〉,《鵝湖月刊》79 期,1982年 1 月。

沈清松:〈老子的知識論〉,《哲學與文化》20 卷 1 期,1993 年 1月。

苗潤田:〈論〈莊子天下篇〉的思想傾向〉,《齊魯學刊》49 期,1982 年 7 月。

倪麗菁:〈莊子齊物論知的哲學〉,《輔大中研所學刊》13 期,2003年 9 月。

唐亦男:〈王夫之通解莊子兩行說及其現代意義〉,《鵝湖月刊》357 期,2005 年 3 月。

徐克謙:〈莊子與儒家〉,《齊魯學刊》1985 年 3 期。

袁長瑞:〈莊子齊物論研究〉,《哲學與文化》26 卷 1 期,1999年 1 月。

袁保新:〈齊物論研究—莊子形上思維的進路與型態〉,《鵝湖月刊》31 期,1978 年 1 月。

高瑞惠:〈論莊子女偊問道及悟道歷程〉,《親民學報》10 期,2004
　　年 8 月。

崔瑞明:〈老莊政治思想演展探微〉,《國家科學委員會研究會刊
　　——人文及社會科學》10 卷 1 期,2000 年 1 月。

張仙娟:〈莊子人生哲學與政治思想的研究〉,《豐商學報》5 期,
　　2000 年 6 月。

莊耀郎:〈「庖丁解牛」——論「莊子」的養生觀〉,《國文天地》
　　188 期,2001 年 1 月。

———:〈怎樣讀《大宗師》〉,《國文天地》265 期,2007 年 6
　　月。

陳秀玲:〈莊子知識學研究〉,《哲學論集》25 期,1991 年 7 月。

陳政揚:〈莊子的治道觀〉,《高雄師大學報》16 期,2004 年 6
　　月。

陳惠齡:〈眺望烏托邦——談莊子書中的理想國度〉,《文與哲》
　　3 期,2003 年 12 月。

陳榮灼:〈王弼與郭象玄學思想之異同〉,《東海學報》33 卷,1992
　　年 6 月。

陶文本:〈略論濠梁之辯〉,《中山女高學報》2 期,2002 年 12
　　月。

傅佩榮:〈從比較的角度反省老子「道」概念的形上性格〉,《哲
　　學雜誌》7 期,1994 年 1 月。

曾紫萍:〈從人間世看莊子的處世哲學〉,《興大中文研究所論文
　　集》8 輯,2003 年 5 月。

楊祖漢：〈論莊子的知與無知〉，《鵝湖月刊》373 期，2006 年 7
　　月。

葉海煙：〈思維的自由、平等與解放──莊子齊物哲學新探〉，《哲
　　學雜誌》7 期，1994 年 1 月。

───：〈齊物論與人間世──場知識與權力的對話〉，《哲學與
　　文化》23 卷 11 期，1996 年 11 月。

鄔昆如：〈中國形上學的三個向度〉，《哲學與文化》30 卷 2 期，
　　2003 年 2 月。

劉振維：〈論莊子齊物論中的「一」〉，《中國文化月刊》189 期，
　　2005 年 7 月。

蔡振豐：〈「離形」與「去知」──「聽之以耳，聽之以心，聽
　　之以氣」的詮解〉，《臺大中文學報》8 期，1996 年 4 月。

蔡德貴、劉宗賢：〈莊子貴齊說的實質和思想來源〉，《齊魯學刊》
　　5 期，1982 年 9 月。

謝大寧：〈齊物論釋（上）〉，《鵝湖月刊》229 期，1994 年 7 月。

───：〈齊物論釋（中）〉，《鵝湖月刊》230 期，1994 年 8 月。

───：〈齊物論釋（下）〉，《鵝湖月刊》232 期，1994 年 10 月。

謝明陽：〈莊子氣論的思想體系〉，《鵝湖月刊》279 期，1998 年
　　9 月。

───：〈讀《莊子·人間世》〉，《齊魯學刊》1982 年 5 期。

謝祥皓：〈略談《莊子》中的孔子形象〉，《齊魯學刊》1985 年 5
　　期。

蘇鉉盛：〈黃老之學與老莊思想〉，《東岳論叢》1998 年 2 期。

國家圖書館出版品預行編目資料

莊子應世思想研究

吳肇嘉著. – 初版. – 臺北市：臺灣學生，2011.10
面；公分

ISBN 978-957-15-1548-9 (平裝)

1.（周）莊周 2. 學術思想

121.33   100020592

莊子應世思想研究 (全一冊)

著　作　者：吳　　　　肇　　　　嘉
出　版　者：臺 灣 學 生 書 局 有 限 公 司
發　行　人：楊　　　　雲　　　　龍
發　行　所：臺 灣 學 生 書 局 有 限 公 司
　　　　　　臺北市和平東路一段七十五巷十一號
　　　　　　郵 政 劃 撥 帳 號：00024668
　　　　　　電　話：(02)23928185
　　　　　　傳　眞：(02)23928105
　　　　　　E-mail：student.book@msa.hinet.net
　　　　　　http：//www.studentbook.com.tw
本 書 局 登
記 證 字 號：行政院新聞局局版北市業字第玖捌壹號
印　刷　所：長 欣 印 刷 企 業 社
　　　　　　新北市中和區永和路三六三巷四二號
　　　　　　電　話：(02)22268853

定價：新臺幣三二○元

西 元 二 ○ 一 一 年 十 月 初 版

12156
ISBN 978-957-15-1548-9 (平裝)

臺灣 **學生書局** 出版

文獻與詮釋研究論叢